굿바이, 분노

굿바이, 분노

초판 1쇄 발행 2021년 1월 1일

강설 원빈 스님
기획·편집책임 현수 스님
편집 이선희, 고수정
디자인·일러스트 손지은
펴낸곳 도서출판 이층버스
출판등록 제2013-45호(2014년 3월 3일)
주소 서울 관악구 양녕로 31, 301-404
이메일 doubledeckerbook@gmail.com

ISBN 979-11-88778-03-4

도서출판 이층버스

나를 찾아 떠나는 행복 여행, 이층버스와 함께 해요.
세상을 따뜻하게 만드는 책을 만들겠습니다.

굿바이, 분노

분노를 인정하는 것에서
용서에 이르기까지,
보리심 완성을 위한 실천 수행법

원빈스님 강설

도서출판 이층버스

샨티데바보살의 『입보살행론』은
부처님께서 법을 설하신 후 보리심을 주제로 하는 논서 가운데
이보다 더 뛰어난 논서는 없다고 할 만큼
보리심에 대한 가르침을 가장 자세하게 담고 있어서
최근까지도 보리심에 관한 논서 가운데 가장 뛰어난 논서로 꼽히고 있습니다.
이 책은 샨티데바보살 저, 석혜능 역의 『입보살행론』「인욕품」 원문을 인용했습니다.

이 책을 읽을 때의 마음가짐

첫째, 화가 났을 때 이 책을 읽으면 이해되지 않을 수 있으니
　　　차분한 마음으로 읽어야 합니다.

둘째, 주관적인 입장에서 감정 이입하며 읽으면 화가 날 수 있으니
　　　남 이야기 구경하듯 읽기를 권합니다.

셋째, 이 책은 마음의 상처를 위로하는 내용이 아닌
　　　차가운 이성으로 분노의 원인과 해결책을 찾아가는 내용입니다.

넷째, 이 책은 반복해서 읽어야 분노가 다스려집니다.

자신의 분노를 다스리기 위해
이 책을 차분한 마음으로, 남 이야기를 구경하듯,
차가운 이성의 논리를 배운다 생각하며
반복해서 읽으시기를 권장합니다.

Part 1
분노를 배우다

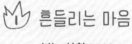 흔들리는 마음

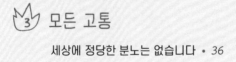 변해가는 얼굴

모든 고통

Part 2
인내심이 자라날 때

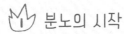 분노의 시작

2 삶의 방향

3 자유로워지기

Part 3
용서에 귀 기울이기

🜲 용서의 이해

서문

　인도의 최고 명문대학에서 있었던 일입니다. '먹고 자고 싸기만 한다.'라는 별명을 가진 한 학생이 있었습니다. 주변의 학생들은 그 학생의 게으르고 어리석어 보이는 모습이 눈에 거슬렸고 학교의 명성과도 어울리지 않는다고 생각했습니다. 그래서 학생들은 서로 모의를 해서 그 학생을 내쫓기로 했습니다. 하지만 명문대학교 체면상 비합리적이거나 부도덕한 방법을 선택할 수는 없었기에, 정기적으로 실행되는 연설 자리에 그 학생을 내보내서 망신을 주기로 약속했습니다. 그들은 게으른 그 학생이 전교생 앞에서 단한마디도 하지 못하고 창피해하며 도망갈 것이라고 예상했습니다.

　이 집단 따돌림 사건은 7세기 인도의 나란다 불교대학에서 일어났던 실화입니다. 당한 학인은 충분히 화가 날 수 있는 상황이었습니다. 하지만 그는 출가수행자였기에 분노에 잡아먹혀 다투기보다는 진리에 의지해 감정을 변화시켰습니다.

정기적으로 시행되는 연설 날, 학인 스님들은 게으른 스님이 설법 자리에 올라가 앉지 못하도록 자신들의 가사를 설법 좌석에 높이 쌓아 올렸습니다. 수천 장의 가사가 쌓인 좌석 앞에 선 스님의 표정은 고요했습니다. 그는 신통력으로 좌석을 눌러 올라가기 좋은 높이로 낮춘 후 편안하게 설법좌에 올랐습니다. 스님은 깜짝 놀라 자신을 바라보는 학인들을 천천히 둘러보며 이렇게 물었습니다.

"지금까지 들어보신 설법을 할까요? 아니면 못 들어보신 설법을 할까요?"

이 책은 『입보살행론』이라는 인문 고전을 바탕으로 집필되었습니다. 이 논은 인도의 성자 샨티데바寂天: 685~763C.E의 저작으로, 그가 바로 따돌림 당한 스님입니다. 그는 자신을 따돌린 수천 명의 학인에게 부처님의 방식대로 진정한 복수를 실천했습니다. 분노를 극복하고 그들을 용서한 것은 물론, 수행자들이 가장 간절히 원하는 깨달음의 길에 필요한 모든 정보를 선물한 것입니다. 분노가 해결되면 원수지간도 스승과 제자의 모습으로 변화합니다.

스님은 나란다 대학에서 단 한 번 설법하였는데 그것이 바로 『입보살행론』입니다. 이 논은 이후 수많은 불자들에게 행복한 삶의 지침이 되었습니다. 이처럼 위대한 인류의 보물이 탄생할 수 있었던 이유는 역설적이게도 분노 때문이었습니다. 분노는 소화하는 순간 자비심과 지혜로 승화됩니다.

이 책은 총 10장으로 이루어진 『입보살행론』의 내용 중 「인욕품」을 뼈대로 삼았습니다. 「인욕품」에서는 행복과 깨달음을 위한 필수 과목인 분노를 다루는 방법을 소개하는데, 집필하는 동안 두 가지 문제가 있었습니다. 첫째, 설법을 듣는 대상이 전문 수행자였기 때문에 내용의 난이도가 높습니다. 둘째, 7세기 인도의 문화를 반영하고 있기에 현대 한국의 문화와 괴리가 많습니다. 이를 해결하지 못한다면 분노를 다스리기 위해 책을 읽다가 오히려 짜증과 화가 치솟을 수 있기에 적절히 난이도를 조절하고 문화에 걸맞은 해석을 곁들이기 위해 노력했습니다.

탐욕을 지나 혐오감이 번지고 있는 한국 사회는 분노에 대한 배움이 절실합니다. 특히 전염병으로 인해 점점 더 고립되고 있는 요즘, 분노라는 바이러스로부터 마음을 지켜내는 것이 급선무입니다. 고립은 뒤집어 생각하면 온전히 자신을 돌아볼 수 있는 시간이 확보되는 것입니다. 이 기회를 활용해 불교 인문 고전을 거울로 삼아 마음을 비춰본다면, 얼굴 찡그릴 일이 점점 많아지는 현실 속에서 웃음을 지킬 수 있을 것입니다. 우리 한번 다짐해볼까요?

"굿바이, 분노!"

2020년 겨울 송덕사 안심당에서

행복을 위한 디톡스

중생은 태어나는 흐름에 머무는 존재를 뜻합니다. 그들은 생존에 대한 욕구를 원동력으로 태어남이라는 굴레에서 끝없이 돌고 있습니다. 또한 탐진치貪瞋癡라는 독소에 물들어 이로 인해 고통의 바다에 빠져 있습니다.

그러나 부처님께서는 "모든 중생은 이미 '자연 상태의 열반'에 도달해 있다."라고 선언하셨습니다. '열반'이란 '태어남의 근본인 탐진치라는 번뇌의 불이 완전히 꺼진 상태로, 윤회의 쳇바퀴가 멈춰 온전한 평화에 이른 상태'입니다. 하지만 현실은 부처님께서 선언하신 내용과 확연히 다릅니다. 열반의 평화는 고사하고 우리는 현실에서 갖가지 고통을 경험합니다. 그렇기에 중생은 그저 중생일 뿐 결코 열반의 상태에 도달하지 못할 것처럼 느껴집니다. 이런 괴리가 생기는 이유는 무엇일까요?

『성경』속에는 흥미로운 이야기가 나옵니다. 본래 천국인 에덴동산에서 살고 있던 아담과 이브는 뱀의 유혹으로 선과 악을 알게 해주는 과일인 '선악과善惡果'를 따 먹고 쫓겨납니다. 행복한 천국에서 고통의 세계로 이사하게 된 것입니다. 그리고 이 고통에서 벗어나기 위해 제시되는 해결책이 바로 '믿음에 의한 구원'이었습니다.

이것을 불교적인 입장에서 접근해 조금 도발적인 해결책으로 생각해 본다면, 그것은 '수행을 통해 선악과를 뱉어버리는 것'입니다.

불교적으로 볼 때 '선악과'는 '선과 악이라는 이분법적인 사고'이며 탐진치貪瞋痴 중 치痴에 해당하는 '근본적인 어리석음'을 의미합니다. 그리고 이분법적인 사고의 시작점에는 자아에 대한 착각이 자리합니다. 나라는 개념이 실재한다고 생각하는 순간, 세상을 나와 너로 구분하는 것입니다. 둘이 되면 만법이 생겨나듯 자타自他의 구분은 아군과 적군, 좋은 것과 싫은 것, 선과 악 등 모든 상대적 개념을 만들어내는 근본이 됩니다. 그러니 선악과를 뱉어버린다는 것을 정확하게 표현하면 '자아'의 개념으로부터 자유로워지는 것입니다.

실제로 서양의 크리스천인 신비주의자들 또한 이런 문제의식을 지니고 있었는데, 그들은 하나님의 온전한 종이 되기를 원했습니다. 그들이 이를 위해 반드시 이뤄야 할 과제는 바로 자아를 죽이는 것이었습니다. 내 습관, 생각, 감정, 의도가 남아 있는 한 하나님의 진리는 자아에 물들 수밖에 없습니다. 자아가 남아 있는 한 하나님의 빛을 세상에 온전히 전달할 수 없는 것입니다. 이러한 문제의식을 바탕으로 신비주의자들은 자아의 죽음을 위해 다양한 수행방법을 개발하고 실천했다고 합니다.

선악과라는 독극물은 우리에게 자아라는 우치를 남겼습니다. 이 자아에 대한 착각은 탐욕을 만들었고, 탐욕은 분노의 씨앗이 되었습니다. 현실에서 우리가 종종 예상치 못한 고통에 휩싸이는 이유는 탐진치라는 심병에 걸린 환자이기 때문입니다. 부처님께서는 이 병을 고치는 치료약으로 '무아'를 제시하셨습니다.

무아는 선악과를 먹고 물들어버린 자아에게 선악과를 뱉어내도록 유도하는 치료제입니다. 자아라는 개념의 허구성을 꿰뚫어 알때, 우리는 생에 대한 집착이 사라지고 이 근본적 탐욕에 대한 집착이 사라지면 분노할 일이 적어집니다. 그렇게 생에 대한 집착이 사라진 중생은 생사의 윤회에서 벗어나 열반에 도달하는 것입니다.

사실 우리는 에덴동산, 즉 열반의 세계에서 떠난 적이 단 한 번도 없습니다. 우리가 사바세계라고 여기는 지금 이 자리가 열반의 세계입니다. 바뀐 것은 단 한 가지뿐인데, 그것은 바로 이곳을 바라보는 눈입니다. 본래 부처님의 눈으로 살던 우리는 선악과로 인해 이분법적 인식체계에 물들어 열반의 세계를 사바세계로 오해하고 있을 뿐입니다.

부처님께서는 이 세상을 있는 그대로 바라보지 못하도록 만드는 이 인식체계를 교정하기 위해 이분법의 근본이 되는 자아로부터 자유로워지는 방법을 교육하셨습니다. 부처님의 열반 교육을 받는 제자들은 '고향에서 고향 찾는 나그네'와 같습니다. 중생은 이미 열반이라는 고향에 머무르고 있지만 자기 자신을 나그네라고 여기며 허구의 고향을 찾습니다. 이렇게 중생이 이미 고향에 있는데도 고향에 있는 것을 알지 못하는 이유가 무엇일까요? 앞서 언급했던 것처럼 이분법적 사고를 통해서는 불이㈜=인 열반의 세계를 인식하는 것이 불가능하기 때문입니다.

부처님께서 "중생은 이미 자연 상태의 열반에 도달해 있다."라고 말씀하신 것은 "우리는 이미 고향에 도착해 있다."라고 선언하신 것입니다. 이 말씀에 따라 이곳이 바로 고향이라는 것을 인식하기 위해서는 무아의 약을 통해 선악과를 뱉어내는 수행이 필요합니다.

『대승기신론』에서는 이 과정이 간단하게 정리되어있습니다. 중생은 본래 자연 상태의 열반에 머무르고 있었음을 '본각本覺'이라 했고, 선악과를 뱉어내기 위해 수행을 시작하는 것을 '시각始覺'이라 했으며, 무아의 치료가 완료되어 순수한 인식을 되찾아 바로 이곳이 열반의 자리였다는 것을 깨달은 상태를 '구경각究竟覺'이라고 표현했습니다.

고통에서 벗어나 행복해지고자 하는 것은 모든 존재가 지닌 욕구입니다. 이 여정의 시작은 '본각'에 대한 확신을 가지는 것입니다. 보조국사 지눌스님은 이 확신을 '돈오'라고 표현했고, 이렇게 먼저 깨친 후에 수행하는 '돈오점수'가 올바른 길임을 강조하셨습니다. 깨치고자 하는 이들뿐 아니라 분노를 다스리고자 마음먹은 이들에게도 돈오는 매우 중요합니다. 본각에 대한 확신은 자존감을 높이고, 분노를 조절하는 데 큰 도움이 되기 때문입니다.

어떤가요? 선악과를 뱉어내는 수행을 시작할 마음의 준비가 되셨나요?

분노를 배우다

분노의 단점과 불이익

흔들리는 마음

행복을 모두 태우는 방화범

분노 사회

현시대의 한국 사회를 부르는 별칭에는 '분노 사회'라는 표현이 있습니다. 대부분의 한국인이 남녀노소 할 것 없이 분노에 휩싸여 있는 것입니다. 정도의 차이가 있겠지만 우리가 분노에 중독된 것은 사실입니다. 분노를 해결하기 위해서는 나와 남, 그리고 세상을 용서해야 합니다. 만약 용서하지 못한다면 분노의 감옥에서 벗어날 수 없습니다. 그리고 분노의 감옥에 갇혀 살아갈 때 우리는 정말 다양한 고통에 시달리게 됩니다.

수천 겁에 걸쳐 보시를 한 선행과
부처님들께 공양을 올리며 쌓아온 그 모든 공덕도
단 한순간의 분노로 파괴될 수 있다네. [6:1]

분노는 우리의 소중한 재산인 행복의 근원들을 모두 태워버리는 방화범입니다.

부처님께서는 행복에 도움이 되는 마음의 습관들을 '공덕'이라고 표현하셨습니다. 예를 들면 베푸는 습관, 도덕적으로 사는 습관, 올바로 노력하는 습관 등입니다. 그런데 분노는 이런 모든 공덕을 단한 순간에 사라지게 만듭니다.

[행복과 고통의 원인]

논의 이 구절을 접하는 이들은 흔히 이런 오해를 합니다. 오랫동안 노력한 공덕이 단 한 번의 분노로 사라진다면 이는 매우 불합리하고, 이후 행복을 위해 처음부터 다시 시작하는 여정이 너무 막막하다고 말입니다. 만약 세상이 이렇게 불합리하다면 차라리 행복을 포기하는 게 합리적일 수 있기 때문에 먼저 이 오해를 해결해야합니다.

화가 났을 때의 기억을 되짚어보면 아무리 착한 사람도 분노가 폭발하는 순간에는 폭력적인 생각과 말, 그리고 행동에 사로잡히게 됩니다. 화가 나는 순간, 마음의 선한 습관들이 힘을 발휘하지 못하는 것입니다.

논에서 말하는 모든 공덕이 파괴된다는 것을 오해하는 이유는 공덕이라는 실체가 있다고 생각하기 때문입니다. 친구를 아끼는 우정을 예로 들면, 이 마음은 독자적으로 영원히 존재하는 것이 아니라 그 마음이 작용할 때에만 있다고 할 수 있습니다. 즉, 우정이라는 공덕은 조건에 따라 생멸을 반복한다는 것입니다. 친한 친구와 싸우는 장면을 상상해보세요. 원망하는 마음이 가득 차면 그 친구를 아끼는 우정은 없어지지 않나요? 이것이 바로 모든 공덕이 파괴된다는 진정한 의미입니다. 분노에 사로잡히는 순간 모든 긍정적인 마음의 습관들이 그 힘을 잃어버리게 되는 것입니다. 하지만 희망적인 것은 용서로써 분노를 해결하는 순간, 그 우정을 비롯한 모든 공덕은 다시 살아날 수 있습니다.

우리가 낮은 행복지수로 사는 여러 가지 원인 중 하나는 바로 이 분노입니다. 유튜브에는 카페에 물건을 놓거나, 택배를 문 앞에 놓는 등의 실험을 통해 한국인들이 얼마나 도덕적인지를 보여주는 동영상들이 있습니다. 하지만 이렇게 평생 노력해도 분노를 다스리지 못하면 이 노력은 수포가 될 수 있습니다. 그러니 공덕의 방화범인 분노는 꼭 다스려야 합니다.

분노보다 더 큰 저아은 없고,

인욕보다 더 어려운 고행은 없으니

그러므로 인욕을 기르기 위해

우리는 여러 가지 방법을 통해 수행해야 한다네. [6:2]

고통에서 벗어나기 위한 수행의 시작은 용서입니다. 삼독심탐진치에도 인과관계가 있는데, 자아에 대한 관념인 우치로 인해 탐욕이 생겨납니다. 즉, 탐욕의 원인은 바로 우치인 것이죠. 그렇다면 분노의 원인은 무엇일까요? 바로 탐욕입니다.

[삼독심의 인과관계]

예를 들어 우리는 친구에게 도움이 되는 일을 하면 칭찬받기를 원합니다. 하지만 상대가 비난하기 시작하면 마음은 칭찬받고자 하는 희망과 부딪혀서 화가 납니다. 그리고 이런 말을 하기도 합니다.

"넌 왜 나를 자꾸 건드리니? 뚜껑 열리게 할래?"

나를 건드린다는 것은 무엇일까요? 그것은 마음속에 집착하고 있는 기준을 건드린다는 것입니다. 이것은 원하는 대로 해주지 않는다는 것이고, 우리는 그저 이에 대해 화를 낼 뿐입니다. 만약 아무것도 원하지 않는 사람이 있다면 그는 화를 낼까요? 탐욕이라는 땔감 없이 분노라는 불은 일어나지 않습니다. 그러니 그의 마음은 평화로울 것입니다.

현대 사회는 '분노 사회'라는 별칭을 지니기 이전부터 이미 '탐욕의 사회'였습니다. 눈을 뜨는 순간부터 잠들 때까지 사회는 끝없이 이어지는 광고의 물결로 마음의 탐욕을 부추깁니다. 예를 들어 고급 아파트에서 살아가는 광고를 많이 보면 자신이 사는 아늑한 집은 불만의 원인이 되어 좋은 집을 소유하지 못하는 상황에 분노하게 됩니다.

탐욕이 높아지면 마음의 부딪힘도 그에 비례해서 늘어납니다. '분노 사회'라는 현상은 어느 날 갑자기 생겨난 것이 아닙니다. 오랜 기간 '탐욕 사회'로서의 경험이 있었기에 나타난 것입니다. 이 '분노 사회'라는 열매는 '탐욕 사회'라는 씨앗을 원인으로 합니다.

분노를 일으키는 탐욕은 이미 우리 마음에 강한 세력을 형성한 상태입니다. 이를 원인으로 한 분노 역시 강렬한 습관을 형성했습니다. '분노가 가장 큰 죄악이며, 인욕보다 어려운 고행은 없다.'라고 논에서 단언하는 이유는 강렬한 분노의 원인과 흐름 때문입니다. 분노에 쓸려가는 시대를 살아가는 우리에게 지금 당장 필요한 것은 이 흐름을 역행하기 위한 '용서'라는 발버둥입니다.

허물과 용서

용서의 올바른 의미를 알려면 '누구를 용서하는가?'와 '무엇을 용서하는가?'의 질문을 사유할 필요가 있습니다. 이 중 전자는 용서의 대상에 관한 질문인데, 사람들은 용서라는 단어를 들으면 흔히 원수를 용서하는 이미지를 떠올립니다. 하지만 이것은 용서의 대상을 협소하게 바라보는 관점입니다. 용서의 대상은 원수뿐 아니라 과거의 자신과 세상을 아우릅니다.

용서의 대상을 간단하게 구분하면 너와 나 그리고 세상입니다. 너를 용서한다는 것은 타인과 맺은 원한을 풀어내는 것을 의미하는데, 이것은 일반적인 용서의 의미에 가까울 것입니다. 나를 용서한다는 것은 모든 원한이 탐욕으로 인해 생겨났다는 전제에서 과거의 나를 용서하는 것으로 불교적 용어인 참회와 상통합니다. 세상을 용서한다는 것은 이분법적인 인식으로 인해 생성된 온갖 오해들을 교정하는 것인데 이것으로 온전한 깨달음도 가능해집니다.

그렇다면 너와 나 그리고 세상의 무엇을 용서해야 할까요? 이를 살펴보기 위해서는 '죄'라는 개념을 이해해야 합니다. 죄를 바라보는 관점은 문화에 따라 완전히 다릅니다. 그 관점은 크게 두 가지로 나뉘는데, 첫째는 죄가 실재한다는 것이고 둘째는 죄가 실재하지 않는다는 것입니다. 죄가 실재한다는 관점은 형벌이라는 개념에서 파생되는데, 죄를 벌할 권한을 지닌 존재가 심판을 통해 벌을 내리면 고통을 겪는 원리입니다. 반면 죄가 실재하지 않는다는 불교적 입장에서 이런 형벌과 심판의 개념은 그저 허구일 뿐입니다. 불교는 죄라는 개념보다는 '허물'이라는 단어를 사용합니다. 허물은 마음이 죄책감 등으로 인해 떳떳하지 못한 상태를 말합니다.

마음을 무겁게 만드는 허물은 실체가 존재하지 않습니다. 그렇기에 허물의 감정을 완전히 소화하면 더는 힘을 발휘하지 못합니다. 이렇게 참회를 통해 허물을 씻어낸 마음을 부처님께서는 청정하다고 표현하셨습니다. 불교적 관점에서 악업에 의해 생겨나는 고통은 결코 신적인 존재로부터 받는 심판이나 형벌이 아닙니다. 그것은 자승자박自繩自縛의 원리에 의해 주어지는 허물일 뿐입니다. 그러니 심판권을 지닌 신적인 존재에 빌지 않고 자신의 수행으로 허물을 씻으면 마음이 자유로워집니다.

여기에서의 용서는 '무엇을 용서하는가?'의 문제에 대해 죄가 아닌 허물을 제거하는 관점으로 접근합니다. 너와 나 그리고 세상을 용서하는 것 모두 그저 탐진치라는 마음의 허물을 지우는 과정으로 바라보는 것입니다. 그렇기에 이 모든 용서의 목적은 누군가를 위해서가 아닌 자신의 허물로부터 자유를 얻기 위한 것입니다.

용서는 우리를 자유롭게 만듭니다. 그러므로 올바른 용서는 '내가 온갖 허물로부터 자유로워질 수 있는 허락'입니다.

용서하기 위해 노력한다고 마음이 곧바로 자유로워지지는 않겠지만 용서하기 시작할 때 비로소 자유로워지는 것이 허락됩니다. 자기 자신을 번뇌의 감옥에 가두고 번뇌의 감옥에서 벗어나지 못하게 하는 간수 역할은 이제 그만했으면 합니다.

원수를 용서하는 것이 가장 쉬운 용서입니다. 가장 거친 번뇌인 분노라는 허물과 관련이 있기 때문입니다. 이보다 더 근본적이고 미세한 번뇌인 탐욕과 어리석음의 허물을 풀어내야 하는 나와 세상에 대한 용서는 훨씬 더 지난합니다. 하지만 『입보살행론』의 「인욕품」에는 그 모든 용서에 힌트가 담겨 있으니 이에 의지한다면 온전한 자유를 누릴 수 있는 길이 열릴 것입니다.

용서는
자신의 허물로부터 자유로워질 수
있게 하는 허락입니다.

변해가는 얼굴

편안함이 사라질 때

분노가 불러오는 불이익

『입보살행론』에서는 용서하려면 먼저 분노가 불러오는 불이익에 대해 깊게 사유해야 한다고 합니다. 충분한 동기가 생기지 않으면 분노를 다스리려는 노력과 배움은 쉽게 사라질 것이기 때문입니다. 우리는 이미 분노에 사로잡혀 실수한 경험이 있고, 이 실수가 만들어낸 고통을 압니다. 반성해도 잠깐일 뿐 시간이 지나면 불이익도, 분노를 다스리고자 하는 마음도 모두 망각하고 똑같은 실수를 반복합니다. 이런 어리석음에서 벗어나고 싶다면 우리는 미리 우물을 파는 지혜를 발휘해야 합니다. 목마른 후에 우물을 파기 시작하면 이미 늦은 것처럼 화로 입은 손실을 후회하며 분노를 다스리는 것도 어리석은 일입니다.

마음속에 분노의 화살이 꽂혀 있으면

우리는 마음의 평정을 잃게 되고

기쁨이나 행복을 얻지 못하며

불안하여 잠도 자지 못한다네. [6:3]

논에서는 분노의 첫 번째 불이익으로 불안을 언급합니다. 우리는 누군가를 미워할 때 계속 곱씹는 습관이 있는데, 이 과정은 우리 마음을 들뜨게 하고 부정적인 감정에 시달리도록 합니다. 분노가 만드는 마음의 지옥에 갇혀 버린 것이지요. 용서는 이런 지옥 같은 마음의 감옥에서 자기 자신을 해방시키겠다는 허락입니다.

용서는 결코 원수를 위해서 하는 것이 아닙니다. 그저 자신을 자유롭게 만드는 수행일 뿐입니다.

어차피 상대방은 용서를 받든, 받지 못하든 별로 상관이 없습니다. 이 소화하지 못한 분노에 절대적인 영향을 받는 것은 오직 자신뿐입니다.

'나쁜 짓을 하면 두 다리를 뻗고 자지 못한다.'라는 표현이 있는데 정말 그런가요? 작금의 현실을 살펴보면 가해자는 그 잘못을 금방 잊고 일상을 즐기며 살아갑니다. 또한 밤에 잠도 잘 자는 것이 보통입니다. 하지만 피해자는 자신을 분노의 감옥에 가둔 채 기쁨과 즐거움을 누리지 못하고 밤에 두 다리를 뻗고 자지 못합니다. 피해를 본 것도 모자라 자기 자신을 점점 더 고통의 감옥으로 몰고 가는 것은 정말 큰 손해입니다.

그러니 부디 용서하세요. 용서하면 자유로워지고, 용서하지 못하면 분노 지옥에 갇혀 있어야 합니다. 언제 터질지 모르는 시한폭탄을 가슴에 품고 현실의 기쁨을 즐기지 못하는 것보다는 어렵지만 용서하는 것이 훨씬 현명한 선택입니다.

> 주인이 자기들에게 재물과 명예로 보상해 주더라도
>
> 화를 잘 내면 미운 생각이 생겨
>
> 그런 주인에게도 대들며 죽이려고 한다네.
>
> 화를 잘 내는 사람은 친구들조차 싫어하므로
>
> 사람들의 마음을 끌려고 무엇을 주어도 신뢰하지 않나니
>
> 화를 잘 내는 사람은 행복할 수 없다네. [6:4-6:5]

분노가 불러오는 두 번째 불이익은 주변 사람들과 원한의 관계를 맺도록 한다는 점입니다. 사람들은 보통 은혜는 금방 잊어버리지만, 원한은 오랫동안 간직합니다. 불안정한 마음의 시한폭탄이 터질 때마다 주변 사람들은 피해를 보게 되고 이것이 반복되면 주변의 그 누구도 좋아하지 않을 것입니다.

물론 억울할 수도 있습니다. 자신이 피해자인 합리적 이유를 마

음에 품고 있을지도 모르니까요. 하지만 분노가 만들어내는 상황을 깊게 생각해보면 그 마음이 결코 합리적이지 않다는 사실을 인정하게 됩니다.

피해자가 품은 분노가 터지면 극적인 상황이 일어납니다. 분노는 피해자였던 우리를 가해자로 변신시키고, 그것도 모자라 주변의 사랑하는 이를 피해자로 이 비극에 참여시키며, 그들의 마음에 우리를 괴롭혔던 시한폭탄을 선물하게 됩니다. 옛 예능프로그램인 '가족오락관'의 한 장면을 연상시키는 이 희극적 비극은 매우 슬픕니다. 점점 더 넓게 세상을 피해자로 물들이며 분노에 중독되는 과정을 보여주기 때문입니다. 사랑은 세상을 행복하게 만드는 기적을 선보이지만, 분노는 세상을 불행하게 만드는 바이러스입니다.

곁에 있는 것만으로도 점점 더 자신의 마음에 분노를 품게 하는 이들을 과연 누가 좋아할까요? 그들은 주변 사람들에게 지옥의 간수와도 같습니다. 우리는 모두 용서하면 마음이 편안해진다는 것을 이성적으로 알고 있습니다. 그래서 대부분의 사람들은 용서를 위해 피나는 노력을 합니다. 이렇게 피해자라는 망상에서 벗어나 분노의 감옥에서 벗어나고 싶어 하는 이들을 도와주지는 못할망정 점점 더 억울하게 만들어 분노의 감옥으로 깊게 밀어 넣는다면 지옥의 간수가 아니면 무엇일까요? 우리는 잘 생각해봐야 합니다. 논의 이 구절은 일차적으로 분노가 관계를 망치는 불이익을 보여주지만 이런 질문을 하도록 만듭니다.

"사랑하는 사람들에게 분노로부터의 자유를 선물해야 할까요? 아니면 분노의 감옥을 선물해야 할까요?"

논에 직접 언급되지 않는 분노의 세 번째 불이익은 사랑하는 사람들을 고통스럽게 만든다는 점입니다. 분노를 다스리지 못하는 한, 우리는 사랑하는 가족과 친구, 동료들을 계속해서 피해자로 재생산시킵니다. 내가 그들의 가해자로서 미움받는 것보다 더 가슴 아픈 것은 그들이 분노의 감옥에 갇혀 잠을 자지 못하고 기쁨과 즐거움을 누릴 수 있는 힘이 줄어든다는 것, 그리고 그 원인이 바로 나에게 있다는 것 아닐까요? 분노를 두려워해야 하는 이유는 그들이 또다시 사랑하는 누군가에게 분노 바이러스를 전달하는 숙주가 되어 나와 같은 불이익을 겪는다는 것입니다.

분노는 바이러스입니다. 이 바이러스에 감염되면 첫째, 내면적으로 불안의 감옥에 갇힙니다. 둘째, 주변 사람들과 원한의 관계를 맺도록 만듭니다. 셋째, 외부적으로 수많은 이들에게 바이러스를 감염시키고 그들을 피해자로 만듭니다. 분노의 피해자들은 스스로 자기 자신의 감옥을 강화하고 다시 분노 바이러스를 전달하므로 인류는 지금껏 분노에 휘둘린 것입니다.

이 비극적 질병은 오직 용서를 통해서만 치료됩니다. 가해자의 죄를 사하는 그런 단순한 용서가 아니라 오직 자기 자신의 분노 감옥으로부터 해방되는 이 용서 치료제를 복용할 때 분노라는 질병을 뿌리 뽑을 수 있을 것입니다.

소화시키지 못한 분노에 절대적인 영향을
받는 것은 오직 자신 뿐입니다.

모든 고통

걸어오는 감옥으로부터

세상에 정당한 분노는 없습니다

먼저 자기 자신의 행복과 사랑하는 이의 삶을 지키고 싶은 이들에게 강조하고 싶은 원칙 하나가 있습니다. 그것은 '그 어떤 이유로도 분노를 용납하면 안 된다.'라는 것입니다. 자신의 분노가 정당하다고 집착해서 사랑하는 사람을 위해 화를 내면 어떻게 될까요? 분노는 상대를 가리지 않는 바이러스이기에 이 정당한 분노는 사랑하는 사람들을 불행으로 이끌 것입니다. 그렇기에 나와 그들의 삶을 망치고 싶지 않다면 그 허물을 소화하고 모든 것을 용서해야 합니다. 이것이 삶을 바꾸는 첫걸음입니다. 논에서는 사람들이 원하는 대부분의 행복이 이 분노를 다스림으로써 얻어진다고 선언합니다.

화라는 적은 이 외에도 온갖 과실과 고통을 가져오나니

만약 부지런히 노력하여 분노를 가라앉힌다면

그는 금생에서도 내생에서도 행복하게 된다네. [6:6]

부처님께서는 인간의 삶을 세 가지 길로 비유합니다. 그것은 고통이 난무하는 파멸의 길, 쾌락이 함께 하는 천상의 길, 완전한 자유를 누리는 해탈의 길입니다.

이 길을 따라가는 사람들의 비율은 안타깝게도 3:3:3이 아닙니다. 피라미드 형태의 비율 속에서 대다수의 사람은 파멸의 길에 빠지게 됩니다. 파멸의 길은 탐진치가 복합적으로 어우러져 생겨나는 악처惡處입니다. 그리고 그 악처에 빠지는 가장 직접적인 원인은 바로 분노입니다. 갖가지 부딪힘과 해악이 가득한 세상에서 파멸은 오히려 당연해 보입니다. 파멸의 길을 벗어나지 못하는 한, 남은 생애가 지옥과 같을 것은 분명합니다. 그렇기에 선악과를 뱉어내고 열반의 세계로 나아가기 위한 여정은 분노를 항복 받는 용서로부터 시작됩니다. 용서를 통해 분노를 치료하면 자기 자신과 타인을 가두는 감옥에서 벗어날 수 있습니다. 이것이 바로 파멸의 길에서 천상의 길로 전환하는 방법입니다.

논에서는 분노의 불이익을 내면적인 고통과 외부적 관계의 파괴로 언급했지만, 세상에 일어나는 모든 종류의 파멸은 대부분 분노

37

를 원인으로 합니다. 전쟁, 범죄, 반칙, 경미한 다툼까지 모두 이 분노를 다스리지 못해서 일어납니다. 이러한 이유로 틱낫한 스님은 저서 『화』를 통해 이런 표현을 하십니다.

'분노가 풀리면 인생이 풀린다.'

세상에 정당한 분노는 없습니다. 많은 사람이 정당하다는 착각으로 분노하여 자신과 세상을 고통스럽게 만들었습니다. 무시이래, 분노가 인류를 꼭두각시처럼 지배할 수 있었던 기만 전략 중 하나가 바로 이 분노에 대한 정당성입니다. 아직은 책의 서두이기에 정당한 분노를 부정하는 것이 쉽게 이해되지 않을 수 있지만, 다양한 소재로 책과의 대화를 반복하면 분명 납득할 수 있을 것입니다. 이것이 분노의 기만으로부터 자유로워지는 시작입니다.

사랑하는 사람들을 이 고통의 감옥에서 구하고 싶다면 부디 분노를 항복 받으세요. 이를 악물고 치열하게 용서하려고 노력해 보세요. 분노가 주장하는 정당함에 속아 자기 자신을 파멸의 감옥에 가두지 마세요. 이 분노만 용서할 수 있다면 우리는 이생과 내생에서 행복을 누릴 수 있을 것입니다.

파멸의 길, 천상의 길, 해탈의 길.
당신은 이 중 어떤 길을 가고 싶으신가요?

Part 2

인내심이 자라날 때

마음을 보호하는 방법

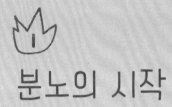

분노의 시작

떠오르는 조건을 알아차리기

분노의 진정한 주적

용서하는 길은 두 가지입니다. 첫째는 머리로 용서하는 것이고, 둘째는 가슴으로 용서하는 것입니다. 머리로 용서한다는 것은 분노에 대한 잘못된 견해를 바로잡고 올바른 견해를 배우는 것을 의미합니다. 예를 들면 자신의 분노가 정당하다는 것이 어떤 오류를 지니고 있는지 명확하게 이해하는 것입니다. 이렇게 잘못된 견해를 바로잡으면 사실상 분노해야 할 이유는 단 하나도 존재하지 않는다는 것을 알 수 있게 됩니다.

하지만 머리로 안다고 끝은 아닙니다. 용서를 통해 풀어내야 할 분노는 생각보다는 감정의 요소가 많습니다. 가슴으로 용서하는 것은 이 감정을 해결하는 것인데, 이를 위해서는 잘못된 견해를 바로잡고 분노를 소화하는 수행을 해야 합니다.

그 수행은 삶의 주인이 되도록 하는 사띠의 훈련입니다. 논리가 의식의 영역에서 분노를 다스려 용서의 길을 열어준다면, 사띠는 무의식의 영역으로 들어가 좀 더 깊은 감정의 찌꺼기들을 해결합니다.

이 책에서는 먼저 논리로서 세상에 용서하지 못할 일은 없다는 것을 공부할 것입니다. 감정보다는 논리를 바로잡는 과정이 쉽고, 그렇게 바로잡힌 견해로 깊은 감정을 해결하는 노력을 할 수 있기 때문입니다. 논에서는 분노에 대한 관점을 교정하기 위해 그 원인을 분명하게 밝힙니다.

하고 싶지 않은 일을 해야 하거나
하고 싶은 것을 못 하도록 방해받는 일이 생기면
우리 마음속에 불만이 생기나니
이것이 우리를 분노와 파괴로 이끈다네. [6:7]

분노는 원수가 아닌 자기 자신의 탐욕에서 일어납니다. 논에서는 좀 더 세밀하게 그 원인을 짚어주는데, 그 이름은 바로 불만입니다. 불만은 탐욕대로 되지 않을 때 일어납니다. 예를 들면 생판 모르는 청년이 '대학을 가지 않는다.'는 이야기를 들으면 마음속에 아무런 불만이 생기지 않습니다. 하지만 아들이나 딸, 지인이 '대학을 가지 않겠다.'고 하면 마음속에 불만이 생깁니다. 어떤 차이가 있는 것일까요?

'너 때문에 화가 난다!'라는 표현과 같이 만약 '대학을 가지 않겠다.'는 상대방의 행위가 불만이 일어나는 원인이라면 모르는 사람의 행위에도 똑같이 불만이 생겨야 합니다. 하지만 친한 사람에게만 불만이 생기는 것이 현실이기 때문에, 원인은 다른 곳에 있다고 봐야 합니다. 불만의 원인은 친하고 친하지 않음을 구분하는 내면의 탐욕에 있는 것입니다.

> 그러므로 우리는 불만이 마음속에서
> 화를 키우도록 내버려 둬서는 안 되나니
> 이렇게 자신에게 해를 끼치는 것은
> 이 분노라는 것 이외에 다른 것은 없다네. [6:8]

분노는 인생의 행불행을 결정할 정도로 정말 중요한 감정입니다. 하지만 안타깝게도 우리는 정규교육을 통해 분노를 배운 적이 거의 없습니다. 분노는 그저 참으라고 강요한다고 참아지는 것이 아닙니다. 수많은 사람이 분노의 꼭두각시놀음에 대책 없이 끌려다니는 이유는 정말 간단합니다.

"몰라서!"

분노에 대해 배운 적이 없는 평범한 아버지는 자기 자신이 분노하는 이유가 '대학을 가지 않겠다.'고 우기는 아들에게 있다고 여길 수 있습니다. 또한, 아버지로서 아들의 판단에 이 정도 불만을 가지고 교정하려는 것은 정당한 권리라고 생각할지도 모릅니다. 하지만 이런 착각은 분노를 키우는 촉매 역할을 해서 결국 아들에게 폭력적인 강요로 이어질 수도 있습니다. 원한의 관계는 이처럼 분노를 다스리지 못할 때 맺어집니다.

세상의 그 어떤 적도 중생을 이렇게 끈질기게 괴롭힐 수는 없습니다. 원수들은 복수하고 나면 원한이 소진되기 때문에 그 끝이 정해져 있습니다. 하지만 분노라는 적은 중생에게 원한이 없어서 그 끝이 정해져 있지 않습니다. 무한한 생을 사는 동안 생겨나는 모든 고통은 결국 분노라는 감정과 연관되어 있습니다. 우리는 불만이 쌓일 때마다 매번 상대를 원수라고 착각해서 진정한 주적主敵을 놓쳐서는 안 됩니다.

정리해보면 마음속 불만이 분노로 폭주하는 것을 방지하는 첫걸음은 분노의 초점을 밖에서 안으로 옮기는 것입니다. 분노의 원인인 탐욕을 명확하게 찾았다면 다음은 깨어있음의 힘을 통해 분노라는 감정을 소화해야 합니다. 분노의 원인에 대한 초점을 흐려 우리의 시선을 다른 곳으로 돌리는 것이 바로 이 분노라는 주적이 살아남는 방법입니다. 지금까지 속아 넘어간 것만으로도 충분합니다.

이제부터는 정신을 똑바로 차리고 깨어있는 마음으로 단 하나의 원수만을 바라봐야 합니다. 고통을 겪게 하는 주된 원수, 분노와의 전쟁에서 용서로 승리하기를 다짐합니다.

분노의 삼 요소

분노를 표현하는 또 다른 한자는 화火입니다. 불이 만들어지려면 땔감과 산소, 그리고 발화점 이상의 온도가 필요합니다. 분노 역시 불처럼 삼 요소가 필요합니다.

분노의 삼 요소는 불만不滿과 불안不安, 그리고 우치愚癡인데 이 분노의 삼 요소를 기억하는 것은 매우 중요합니다.

마음대로 되지 않는 상태인 불만이 땔감이라면 불안한 마음은 일종의 산소입니다. 흔들리는 마음에 불만이 더해지면 화가 나기 좋은 조건이 갖추어지기 시작하는 것입니다. 하지만 '이 분노는 정당하다!'는 우치가 더해지지 않았다면 아직 불이 붙을 정도로 뜨겁지는 않은 상태입니다.

우치는 잘못된 견해라고 할 수 있습니다. 물론 이 견해가 오랫동안 굳어지면 그 자체로 감정과 얽혀서 본능처럼 굳어지기도 합니다. 이렇게 되면 상대하기 어려워지기 때문에 분노를 다스리는 배움은 한 살이라도 어릴 때 이루어지는 것이 더욱 효과적입니다. 불만과 불안은 견해보다는 감정에 치우쳐 있습니다. 물론 잘못된 견해를 원인으로 일어나는 감정이지만, 견해의 교정만으로는 해결하기 어렵습니다. 불만과 불안을 다스리기 위해서는 반드시 깨어있음을 개발하는 수행이 필요합니다.

분노의 삼 요소를 명확하게 기억하는 것이 중요한 이유는 이것이 일종의 신호이기 때문입니다. 이를 알면 분노에 대한 사전예방이 가능해집니다. 언제까지 손해 본 것들을 수습하러 다닐 건가요? 이제는 분노가 일어나지 않게 미리 다스리는 연습을 해야 합니다.

불안해지면 마음을 보호해야 한다는 것을 기억해야 합니다. 불만이 생기기 시작하면 화내기 딱 좋은 조건이라는 것을 되새겨야 합니다. '지금 화 안 내면 손해다!'라고 마음이 속삭이기 시작하면 분노의 생존 전략이라는 것을 떠올려야 합니다. 분노를 다스리는 고급과정으로 나아가려면 불안, 불만, 우치가 일어날 때의 변화를 관찰해 둘 필요가 있습니다. 심장 박동수가 높아진다거나, 손이 떨린다던가, 몸이 울렁거리는 등의 반응이 있을 것입니다. 불만과 우치에 대한 반응들도 알아두면 사전예방은 더 쉬워지겠죠?

분노는 방화범입니다. 이미 사건이 발생하면 그때는 피해 없이 바로잡기가 매우 어렵습니다. 사전예방이 효율적인 이유는 삼 요소 중에서 하나만 제거하면 되기 때문입니다. 땔감과 산소가 있더라도 온도만 낮추면 불을 예방할 수 있듯이 말입니다. 우리가 불만과 불안 그리고 우치가 강한 이유는 오랫동안 이런 흐름을 습관으로 살아왔기 때문입니다.

'취향이 명확한 사람'은 불만이 강할 수밖에 없습니다. 커피 취향이 없는 사람은 믹스커피mix coffee와 아메리카노Americano 모두를 좋아하지만, 취향이 명확하고 이에 대한 집착이 강한 사람은 자신이 좋아하는 원두와 추출방식이 아니면 불만이 생깁니다. 심지어는 취향이 다른 사람에게 강요하기도 하는데, 이는 서로 화가 나는 지름길입니다. 그러니 취향이 다를 수 있다는 것을 인정하고, 그 다름을 경험해보려는 노력이 필요합니다.

'예민한 사람'은 불안이 강할 수밖에 없습니다. 감각이 예리한 것은 매우 훌륭한 자질입니다. 하지만 이것이 과해지면 수면 장애나 걱정 그리고 우울증 같은 불안증 관련 장애에 빠지기 쉽습니다. 이 불안이 병적으로 심해지면 주변 사람들까지도 함께 불안하게 합니다. 그러므로 견디는 힘을 키워야 합니다. 운동이든 수행이든 무엇이든 꾸준히 정진하며 버티는 힘이 커질 때 통제 안 되는 예민함은 감각의 예리함으로 승화될 수 있습니다.

'정의감이 넘치는 사람'은 우치가 강할 수밖에 없습니다. 보통 이런 경우 정의를 추구해서 평소에는 정직하고 예의 바르며 화를 잘 내지 않는 경우가 많습니다. 하지만 분노하기 시작하면 통제가 어렵습니다. 그들은 자신의 분노가 정의롭다고 믿기 때문입니다. 특히 정의감이 넘쳐흐르면 주변 사람에게 기준을 강요하기 시작합니다. 이런 사람이 선배일 경우 후배들은 주눅 들게 되는데, 이것은 정의가 아니라는 점을 기억해야 합니다. 해결책은 시대와 상황에 따라 정의는 항상 다르다는 것을 배우는 것입니다. 이를 통해 법집法執이 느슨해지면 남까지 교정하려는 꼰대짓을 멈출 수 있게 됩니다.

이 세 가지 특징 중 자신이 무엇에 해당되는지를 살펴보는 것은 분노의 사전예방에 도움이 됩니다. 불만과 불안 그리고 우치가 일어날 때 이를 신호로 삼아 마음을 보호하는 것이 단기적 방법이라면 해당되는 특징을 다스리기 위한 노력은 장기적 방법입니다. 장단기적인 노력을 함께 활용하여 분노를 사전예방할 수 있다면 분노 조절의 고수가 되는 것은 물론이고, 사고치고 창피해서 얼굴 못 드는 일들이 적어지지 않을까요?

세 가지 용서와 삼 요소의 관계

용서는 자유를 만듭니다. 평화나 자유를 원하는 이들에게 너와 나 그리고 세상을 용서하는 연습은 필수과목입니다. 이 세 가지 용서는 분노를 다스리는 것과 직접적인 연관이 있습니다. 분노를 다스려야 용서를 할 수 있다는 추상적인 논리가 아니라, 분노의 삼 요소와 세 가지 용서는 긴밀한 관계를 맺고 있다는 점을 설명하고자 합니다.

분노를 분해하면 불만과 불안 그리고 우치가 나옵니다. 이중 불만의 경우 대부분 그 방화쇠를 당기는 것은 외부 대상입니다. 물론 자신에게 불만을 지닌 채 분노하는 경우도 있지만 범부들은 그 고통의 원인을 보통 외부의 가해자에게서 찾습니다. 그렇기에 너를 용서한다는 것은 가해자에 대한 불만을 해결하는 것과 밀접한 연관이 있습니다.

불안감의 원인은 매우 다양하지만, 그 근본에는 낮은 자존감이 있습니다. 사람들은 평소에는 비양심적으로 행동하는 듯지만, 불안해지면 양심적으로 변화합니다. 특히 역경이 찾아오면 이런 상황을 특정한 죄책감과 연결하는 경향이 있습니다. 예를 들면 넘어져서 다리가 부러졌는데, 친구에게 갚지 않은 빚이 생각나는 것입니다. 두 사건 간에 인과관계는 거의 없지만 해결 안 된 죄책감은 지속해서 마음을 불안하게 흔듭니다. 범부는 누구나 때로는 피해자가 되고, 때로는 가해자가 됩니다. 물론 그 본질을 살펴보면 그 관념들은 환상이고, 범부는 그저 분노에 속았을 뿐입니다. 나를 용서하기 위해서는 스스로 가해자가 되었던 사건의 죄책감을 해결해야 합니다. 가해자는 악업의 과보를 기다리는 불안감을 지니는데, 이것을 해결하면 나를 용서하는 데 큰 도움이 됩니다.

정당한 분노가 존재한다는 우치는 넓은 관점에서 볼 때 세상에 대한 비뚤어진 시선을 근본으로 합니다. 이 세상에 부당한 일이 가득하다는 관점은 인과율을 꿰뚫어 보지 못하는 우치로 인해 생겨납니다. 부처님이 세상을 바꾸려는 시도 자체를 하지 않았던 이유는 세상 자체가 꿈과 같기 때문이기도 하지만, 꿈의 내용조차 인과율에 의해 정의롭게 펼쳐지기 때문입니다. 깨친 이들의 이 인과율이라는 정의는 시시때때로 변화하는 범부의 정의와 완전히 다릅니다. 세상을 용서하는 것은 이처럼 부당함을 만들어내는 자신의 기준과 집착을 해결하는 것에 직접적인 연관이 있습니다. 이래야 한다는 기준이 부당함을 만든다면, 이에 대한 집착의 정도는 부당함을 증폭시킵니다. 이에 속은 범부는 자신의 분노가 정당하다는 강렬한 감정에 눈이 멀어 버립니다. 그렇게 자신과 주변 그리고 세상을 상처 입히는 분쟁에 빠지는 것입니다.

불만을 해결하는 것은 조금만 연습하면 충분히 가능합니다. 사실 상대방에 대해 불만을 품고 있다는 것을 발견하기만 해도 이 불만은 어느 정도 다스려지기 시작합니다. 하지만 불안을 해결하는 깃은 그금 더 어렵습니다. 오랫동안 곱씹으며 곪아버린 감정은 매우 복잡하게 얽혀있는 것이기에, 이로 인한 불안감을 소화하는 과정은 지난할 수밖에 없습니다. 더욱이 우치를 해결하는 것은 전도몽상을 지닌 범부의 관점과 거꾸로 된 진실을 체득하는 것이니 그 난이도는 급격히 올라갑니다.

가해자인 그 원수를 용서하는 것을 매우 어려워하는 것이 우리의 현실이지만, 완전한 자유와 평화를 위해서는 가장 쉬운 연습문제라는 것을 기억할 필요가 있습니다. 조금 쉽게 생각해도 쓸데없는 두려움의 거품을 거둘 수 있기 때문입니다. 그를 용서하기만 해도 삶의 질은 크게 높아질 뿐 아니라, 나와 세상을 용서할 수 있는 발판이 됩니다. 우리 모두 함께 분노를 해결하는 길로 나아가기를 희망합니다.

분노는 흔들리는 마음 위에서 춤을 춘다

우리가 화를 낼 때의 상황을 지속해서 관찰하다 보면 정말 황당한 점을 발견하게 됩니다. 지금껏 그 사람 때문에 화가 났다고 생각했는데, 사실은 그 사람을 만나기 전에 이미 화가 나 있었다는 사실을 알게 되는 것입니다. 예를 들면 친구가 약속 시간에 늦었습니다. 만약 이에 대해 화가 난다면 대부분의 사람들은 그 친구 때문이라고 생각합니다. 그런데 과연 분노의 원인이 그것일까요? 만약 그렇다면 언제나 약속 시간에 늦은 이에게 똑같이 화를 내야 정상입니다. 하지만 우리는 특정한 순간에는 너그러워지기도 합니다.

우리는 종종 이미 화가 난 상태에서 누군가에게 그 원인을 뒤집어씌웁니다. 이것은 가해자와 피해자를 뒤바꾸는 교묘한 술법입니다. 사실 친구는 조금 늦었다는 이유로 분노를 뒤집어쓰는 피해자가 되어 억울할지도 모릅니다. 입장을 바꿔 보면 자신이 약속 시간에 늦었을 때 과한 반응을 보이는 사람들에게 억울함을 느꼈던 적은 없나요? 수많은 이들은 자기 자신을 인지하지 못한 상태에서 피해자 흉내를 내고 있습니다. 마음이 기쁜 상태에서는 '차가 막혔나 보다!'라고 생각하며 약속 시간에 늦어도 너그럽게 이해합니다. 하지만 어떤 때는 '나를 무시하나?'라며 화를 냅니다. 이처럼 친구에게 화가 난 것은 이미 우리의 마음이 화나 있는데 못 알아차렸거나, 알고 있으면서도 화낼 핑계가 필요했던 것일 수 있습니다. '누구든

걸려만 바라!'라며 분노를 쏟아낼 상대를 찾고 있었던 것이 진실일
지도 모릅니다. 만약 우리가 알게 모르게 지인들에게 이런 실수를
저지른다면 이는 굉장히 끔찍한 폭력입니다. 자기 자신의 화를 상
대방에게 뒤집어씌운 것도 모자라, 피해자를 가해자라고 우기며
'그를 용서할 수 있네, 없네.' 했다면 이는 그 사람과 자신 모두가 분
노에 농락당한 것입니다. 이것이 바로 분노의 미묘한 전략이고, 우
리가 어떤 이유로든 모든 것을 용서하기 위해 최선을 다해야 하는
이유입니다.

분노는 일어나기 전에 다단계로 신호를 보냅니다. 그중 적
색경보에 해당하는 응급상황은 걱정을 동반한 마음의 흔들림
입니다.

분노가 춤추는 무대는 바로 이 불안한 마음이기에, 논에서는 분
노의 사전예방으로 무대 자체를 없애기를 권합니다.

어떤 역경과 장애가 있더라도
마음의 행복이 흔들리게 해서는 안 되나니
근심하고 걱정하는 마음으로는
희망을 이루지 못할뿐더러
도리어 모든 선행도 시들게 한다네. [6:9]

마음이 흔들리는 이유는 다양합니다. 그중에서도 가장 강력한 원인으로 꼽을 수 있는 것은 바로 걱정입니다. 걱정은 미래가 마음대로 되지 않을 것을 우려하는 망상으로, 행복과 희망을 좀먹습니다. 만약 이 걱정을 다스릴 수만 있다면 마음이 불안정한 빈도를 극적으로 줄일 수 있을 것입니다.

우리는 흔히 발전적인 미래를 위해 청사진을 그립니다. 물론 미래에 대한 적절한 계획은 삶을 이끌어 나가는 데 효과적인 기준이 됩니다. 하지만 미래에 대한 두려움이 과해지면 계획을 세우는 것이 아니라 걱정만 늘리는 꼴이 됩니다. 논에서는 과한 걱정들이 쓸모없는 에너지 낭비임을 말합니다.

> 만약 개선할 수 있는 일이라면
> 무엇 때문에 낙담하는가.
> 만약 개선할 수 없는 일이라면
> 그렇게 낙담하는 것이 무슨 의미가 있겠는가. [6:10]

여자친구와 싸운 후 그녀가 자신을 떠날까 봐 전전긍긍하며 걱정에 휩싸인 한 남자가 있습니다. 그는 돌연 분노에 휩싸이기도 하고, 다양한 착각을 되풀이하며 분노를 키워나가기도 합니다. 또한 상대방에게 '내가 이렇게 된 것은 다 너 때문이다.'라고 생각하며 원망하기도 합니다. 이 정도가 심각해지면 데이트 폭력 등 다양한 빌뢰의 궤익스로 이어집니다. 논의 내용은 지금 이 남자에게 적용하면 이렇습니다.

"지금 이 상황이 만약 개선 가능하다면 왜 걱정하고 있는가? 지금 당장 개선할 수 있는 방향으로 노력하는 것이 올바른 길이다! 만약 지금 이 상황이 개선할 수 없는 일이라면 걱정하고 분노하여 상황을 더 망쳐버리는 것이 도대체 무슨 소용인가?"

망가진 기계를 고칠 수 있을지, 없을지 고민하는 것은 비효율적인 일입니다. 고칠 수 있다면 어차피 고쳐질 것이기에 낭비이고, 고치지 못할 것이라면 걱정해도 소용이 없을 뿐 아니라 분노라는 고통까지 감당해야 하니 정말 큰 일입니다. 상황을 개선하여 더 나은 미래를 살아가는 것도 물론 중요하지만, 그것을 걱정으로 변질시키는 것은 지양해야 합니다. 이 미묘한 차이로 인해 우리는 행복하기 위한 노력으로 행복을 놓쳐버리는 실수를 범하게 되니까요.

행복해지고 싶다면 분노라는 감옥에서 벗어나기 위해 노력해야 합니다. 명심해야 할 점은 어떤 상황 속에서도 마음의 안정을 유지하기 위해 최선을 다해야 한다는 것입니다. 마음이 흔들리면 분노가 매서운 춤을 추는 무대를 제공하는 것입니다. 올바른 깨어있음의 힘을 바탕으로 자기 자신의 몸과 마음을 잘 살펴 이 적색경보를 놓치지 말아야 합니다.

마음을 보는 것이 익숙하지 않아 불안함의 신호를 알아차리기 어려운 경우 적용할 수 있는 쉬운 방법을 조언해드리겠습니다. 우

선 불안할 때 드러나는 몸의 반응들을 관찰하고 기억해두면 좋습
니다. 대표적인 예로 몸이 떨리고 호흡이 가빠지는 증상이 있을 수
있는데, 이 습관적인 반응을 기억한다면 마음이 아닌 몸의 반응을
통해 불안을 발견할 수 있습니다. 불안을 보는 눈이 생길 때 분노
의 사전예방은 쉬워집니다.

분노의 심리학

사람들에게 얼마나 자주 분노하는지 물어보면, 흔히 "저는 잘 분노하지 않아요!"라고 대답합니다. 그것은 보통 분노에 대해 잘 모를 때의 반응인데, 분노에 대해 배운 후 다시 질문하면 그 답변은 180도 달라집니다. 먼저 탐진치 삼독의 인과관계를 간단히 정리해 보겠습니다.

[탐진치의 인과관계]

이 심리 과정을 세분하면 분노의 실체를 더 정확히 알 수 있습니다. 먼저 분노의 강도에 따라 구분을 해보겠습니다. 집착하는 기준을 건드렸다고 처음부터 화가 강렬하게 일어나는 것은 아닙니다. 이런 경우, 대부분의 사람들은 먼저 반감부터 가지는데 이것은 자기 자신의 기준을 건드린 것에 대한 자연스러운 반응입니다. 이 반감이 해결되지 않은 채 거세지면 짜증으로 이어지고, 더 강렬해지면 우리가 일반적으로 말하는 분노가 일어납니다. 즉, 반감과 짜증도 사실 가벼운 분노라고 볼 수 있는 것입니다.

이 과정에서 흔히 쓰는 표현을 알아두면 자신의 심리상태를 파악하는 데 도움이 될 수 있습니다. 먼저 반감이 일어날 때는 '왜 자꾸 나를 건드려?'라고 하고, 짜증이 날 때는 '계속 나를 긁을래?'라고 표현하며, 분노가 폭발할 때는 '뚜껑 열린다!'라고 표현하는 경향이 있습니다. 한국에서는 전통적으로 뚜껑이 열리는 것을 경계하기 때문에 많은 사람이 분노를 억제합니다. 이렇게 화를 억제하는 사람들은 그 반작용으로 짜증을 많이 내는 편입니다. 짜증조차 억제되는 상황에 놓인다면 마음속에 많은 반감을 품게 될 것입니다.

분노의 경중에 따라 이렇게 단어와 표현이 달라지지만 결국 이 모든 마음 상태가 분노와 연관이 있다는 사실을 알게되면 더는 '분노를 잘 하지 않는다'라는 말을 못 하게 됩니다. 자신이 짜증과 반감을 많이 지니고 있다는 것을 알기 때문입니다. 이러한 분노의 강도에 따라 삼독심의 인과관계에 적용하면 다음과 같습니다.

[탐진치와 분노의 인과관계]

깨달음을 완성하기 전에는 화가 나지 않는 것과 화를 억제하는 것이 분명히 다릅니다. 깨달음을 완성하기 전에는 도력이 높은 고승들도 화가 난다고 합니다. 그렇기에 화를 잘 내지 않는다고 말하는 대부분의 사람들은 화를 억제해서 분노가 일어난 것이고, 이 분노는 어딘가로 흐르게 됩니다. 이러한 분노가 흐르는 방향성에 따른 심리의 변화를 다시 구분할 수 있는데, 이는 내면으로 향하는 경우와 바깥으로 향하는 경우로 나뉩니다.

이 두 가지 방향성에 따라 분노의 이름이 달라집니다. 분노가 내면으로 향하는 경우 '수치심羞恥心'과 같은 부정적인 심리로 변화합니다. 상대에게 화를 내고 싶지만, 분노를 표현하지 못할 때 우리는 자신에게 분노하게 되는데 이것이 수치심으로 드러나는 것입니다.

분노가 밖으로 향하는 경우 타인에게 언어적, 신체적 폭력을 행사하게 됩니다. 이는 누군가에게 해를 끼치는 것이기 때문에 '해악害惡'이라고 부르는데, 이 지점부터는 사회법을 기준으로 범죄로도 규정될 수 있습니다. 마음속에 반감과 짜증 그리고 원한을 품었다 해도 이는 도덕적인 문제일 뿐이기에 비난을 받을 수는 있지만, 처벌을 논할 수는 없습니다. 하지만 통제하지 못한 분노로 인해 해악을 저지르면 상황은 급격히 변화하니, 분노를 다스리고자 하는 수행자들은 '최소한 해악은 저지르지는 않겠다!'라는 1차 목표를 세워야 할 것입니다.

앞서 흔들리는 마음은 분노의 적색경보임을 밝혔습니다. 걱정을 근본으로 하는 이 불안은 불만이 쉽게 일어나는 조건이 되고, 여기에 정당하다는 착각이 더해지면 분노로 발전하여 그 해결 안 된 마음이 폭발합니다. 결국, 자신과 주변에 해악을 끼치는 것입니다.
이를 정리하면 다음과 같습니다.

[분노의 생성 과정과 표출 형태]

범죄자가 되지 않기

분노조절장애가 사회적으로 이슈가 되고 있습니다. 분노를 다루지 못하는 이들은 자기 자신을 화병으로 물들이는 것을 넘어, 길거리를 걷는 사람들에게 무작정 폭력을 행하는 범죄를 저지르고 있습니다. 미래의 범죄자가 되지 않도록 자신을 보호하기 위해서는 먼저 기준을 명확히 해야 합니다. 사회에서 분노조절장애라고 부르는 것은 불안, 반감, 짜증, 분노를 통제하지 못하고 남에게 해악을 끼치는 것을 말합니다.

분노조절장애라는 단어가 한국 사회에 나오기 전에는 한국에만 존재한다는 '화병'이 있었습니다. 화병은 분노가 내면으로 흐르는 것이 만연할 때 나타나는 현상적 질병입니다. 화를 내면 몸에서는 아드레날린 계열의 호르몬이 나오게 됩니다. 이 호르몬은 육체에 엄청난 독성을 지닌 찌꺼기를 남긴다고 하는데, 특히 심장 쪽에 영향을 미친다고 합니다. 그렇기에 분노에 사로잡히는 것은 독주사를 심장에 꽂는 것과 유사한 행위입니다. 화병이 심리적인 문제를 넘어서 육체적인 문제로 발전하면 심혈관계 질환으로 발병하는 이유가 여기에 있습니다. 이러한 화병은 그중에서도 예의를 중요시하고 분노를 억제하기를 강요받은 세대에게서 등장하는 매우 특이한 분노의 결과물입니다.

화병이 만연했던 세대와 달리 그들의 다음 자녀 세대들에게는

'분노조절장애'가 이슈가 되고 있습니다. 하지만 두 가지 이슈 모두 시대별 분노의 수위가 최고조인 상태를 말합니다. 다만 화병의 시대에는 아직 예의가 남아 있어 자기 분노가 자신에게 향해던 것이고, 분노조절장애로 전환된 시대에는 강요받던 예의가 사라지면서 분노가 밖으로 향하기 시작한 것입니다. 화병이 자기 자신을 고통스럽게 하는 병이라면 분노조절장애는 자신과 주변을 함께 병들게 하는 해악입니다.

불교에서 말하는 인욕바라밀 수행의 시작은 해악을 끼치지 않는 것입니다. 많은 사람이 인욕바라밀의 완성인 분노가 끊어진 상태를 기대하며 자신의 상태와 비교하는데 이는 크게 잘못된 것입니다.

분노가 생기는 것이 첫 번째 화살이라면, 분노의 꼭두각시가 되어 남에게 해악을 끼치는 것은 두 번째 화살이라고 볼 수 있습니다. 분노 조절의 시작, 두 번째 화살부터 피하려고 노력해 보는 건 어떨까요?

분노와 탐욕의 저울질

사람들은 화가 났을 때 대상에 따라 차별적으로 반응합니다. 누군가에게는 불같이 해악을 가하고, 누군가에게는 억지로 참으며, 누군가에게는 분노까지 번지지 않도록 마음을 조절하기도 합니다. 이러한 차별은 분노한 대상과의 관계 속에 걸린 이익에 대한 탐욕과 폭발하려는 분노의 저울질로 결정됩니다.

누군가가 시간 약속을 지키지 않았습니다. 이 누군가가 만약 자신의 생명을 위협할 수 있는 사람이라면 그 분노는 어떻게 될까요? 이때 생명에 대한 탐욕과 분노를 저울질하게 되는데, 어떤 쪽으로 기울게 될지 예측할 수 있지 않나요? 이런 경우 분노는커녕 짜증이나 반감조차 일어나지 않을 가능성이 큽니다. 만약 그런 마음을 들키기라도 하면 생명을 잃게 될지도 모르기 때문입니다. 반대로 그 누군가가 자신보다 약한 사람이라면 어떻게 될까요? 그에게 해악을 끼쳤을 때 포기해야 하는 이익과 분노를 저울질했을 때 분노가 승리할 것입니다. 이럴 때 사람들은 그에게 언어적, 신체적 폭력을 가하는 것입니다.

똑같은 사람이 똑같은 상황에서 얼마나 수위 높은 분노를 선보일 것인가는 이처럼 상대에 따라 달라집니다. 그 저울질의 기준은 크게 두 가지인데, 첫째는 자신보다 강한지 약한지의 여부입니다. 인간 역시 동물이기 때문에 약육강식의 본능에서 벗어나지 못했습니다. 둘째는 자신과 친한 정도에 따라 달라집니다. 사람들은 자신과 친한 이는 내 편, 친하지 않은 이는 네 편으로 구분하는 경향이 있습니다. 그래서 팔은 안으로 굽는다는 말이 있듯 평범한 이들 대부분은 내 편에는 관대하지만 네 편에는 냉철한 편입니다. 논에서는 이렇게 표현합니다.

우리는 자기 자신이나 사랑하는 사람에게는
고통을 주거나 경멸하거나 거친 말을 하거나
불쾌하게 하는 것을 바라지 않지만
싫어하는 사람에 대해서는 도리어 그 반대로 대한다네. [6:11]

분노가 대상에 따라 차별적인 반응을 보이듯, 용서 또한 대상에 따라 차별적으로 반응합니다. 용서에는 남과 나 그리고 세상을 용서하는 세 가지 종류가 있습니다. 이 중 일반적으로 말하는 용서인 남을 향한 용서는 대상에 따라 용서의 여부가 매우 차별적입니다. 우리는 강한 사람, 친한 사람에게 분노와 탐욕의 저울질을 할 때 탐욕으로 기우는 경향이 강하기 때문에 더 쉽게 용서가 가능한 것입니다.

나를 용서하는 것은 불교 용어로 '참회'라고 합니다. 참회는 과거 자신이 행한 불선업들이 불러올 고통을 두려워하는 마음의 허물을 덜어내는 것입니다. 흥미로운 점은 친함에 따라 저울이 반대로 적용된다는 것입니다. 그래서 허물이 무거울수록 참회는 어려워집니다. 허물이 무겁다는 것은 과거의 불선업에 강렬하게 집착하는 것입니다. 그래서 그 정도에 따라 참회가 달라지기에, 다른 관점에서 생각해보면 죄책감과 친할수록 더욱 참회가 어려운 것입니다.

세상을 용서하는 것은 이분법적인 선악과를 먹고 만들어진 이 세상이라는 개념 자체를 해체하는 것입니다. 이것이 이루어질 때 우리는 열반의 세계를 지금 이 자리에서 발견하게 되는데, 그렇기에 이 세상의 허구성을 깨뜨리는 힘이 있는 것입니다. 세상을 용서하는 것 역시 마찬가지로 중생과 가장 오랫동안 악연을 맺어온 이분법이기에 역설적으로 가장 친근하다고 볼 수 있습니다. 그래서 주관적 세상의 허물을 용서하고 진리를 깨쳐 이 윤회 세계에서 자유로워지는 것이 어려운 것입니다.

남을 향한 용서는 분노를 다스림으로써, 나를 향한 용서는 탐욕을 다스림으로써 가능해집니다. 그리고 세상을 향한 용서는 근본적인 어리석음인 우치를 다스림으로써 이루어집니다.

그 난이도는 삼독심의 친근함에 따라 달라져서 가장 근본인 우치를 해결하는 것이 어려운 것은 당연합니다. 하지만 결국 어떤 수준에서 어떠한 행복을 원하든 분노를 다스리는 용서는 분명히 자유와 행복의 길입니다.

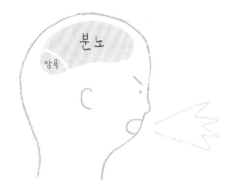

남을 향한 용서는 분노를 다스림으로써

나를 향한 용서는 탐욕을 다스림으로써 가능해집니다.

2

삶의 방향

원동력을 이용하기

고통을 행복의 영양분으로 변화시키기

'가만히 있으면 중간이라도 간다!'

과연 그럴까요? 가만히 있으면 저절로 잘 먹고 잘살게 되나요, 아니면 굶게 되나요? 이것은 이 세상에서 고통의 흐름과 행복의 흐름 중 무엇이 더 우세한지 알아볼 수 있는 질문입니다. 만약 이 세상이 극락처럼 행복의 원인이 넘친다면 가만히 있어도 행복해질 것이고, 반대인 경우라면 가만히 있어도 점점 더 고통을 경험하게 될 것입니다.

부처님께서 이 세상의 진리를 사람들에게 설할 때 고통의 진리를 가장 먼저 이야기한 이유는 두 가지입니다. 첫째는 부처님께서 출가하여 수행한 근본적인 이유가 바로 고통에서 벗어나기 위해서였기 때문입니다. 부처님께서는 배부른 철학자들처럼 형이상학적 진리를 찾기 위해 출가한 것이 아닙니다. 그저 삶에서 경험되는 생사의 고통을 비롯한 모든 고통으로부터 자유로워지고 싶었을 뿐입니다. 그래서 초기 경전인 『니까야』 속에 나오는 부처님의 가르침은 추상적인 탁상공론의 느낌보다는 지극히 실존적인 처절함이 묻어납니다. 뼈만 남을 정도로 수행했던 6년의 고행처럼 말입니다. 둘째는 우리가 사는 이 세상은 정말 고통의 요소가 많기 때문입니다. 계절이 바뀌는 것을 외면한다고 해서 시간이 멈추지 않듯, 고통 또한 외면한다고 사라지지 않습니다. 고통에 직면해서 원인을 분명히 알고, 그에 걸맞은 올바른 치료법으로 고통을 해결할 때 비로소 자유와 행복의 길로 나아갈 수 있습니다. 그렇기에 수행의 시작은 항상 자신에게 놓여 있는 고통을 인정하고 직면하는 것입니다.

행복의 원인은 드물게 생기고
고통의 원인은 너무나 많은데
하지만 고통이 없으면 출리심出離心도 생기지 않나니
그러므로 마음이여,
고통을 참으며 확고부동하여라. [6:12]

분노가 일어나기 전 적색경보는 걱정에 흔들리는 마음이라고 했습니다. 이 불안감은 고통을 두려워하는 마음에서 생기기 때문에,

이를 다스리기 위해서는 고통에 대한 반응을 바꿀 필요가 있습니다. 반응을 바꾸는 훈련에는 고통을 바라보는 관점을 바꾸는 것과 고통을 견디는 힘을 키우는 것이 있습니다. 이 중 관점을 바꾸려면 이런 질문을 해봐야 합니다.

'고통은 과연 아무런 쓸모가 없는 것일까요?'

물론 이성적 판단을 전혀 할 수 없을 정도의 극심한 고통은 지옥의 형벌과도 같습니다. 이런 경우 그 속에서 의미를 찾는 것은 불가능에 가깝지만, 수위가 조금 낮은 고통은 자신의 악행에 대한 반성과 선에 대한 욕구, 그리고 쾌락의 대상인 현실에 대한 출리심을 불러오는 등의 긍정적 작용을 불러오기도 합니다.

고통은 일종의 신호로서 삶이 잘못된 방향으로 흐르고 있음을 우리에게 암시해줍니다.

이 신호를 활용하기 위해서는 사바세계에 넘쳐나는 고통을 무조건 싫어하거나 피하려고만 하면 안 됩니다. 그보다는 고통이 보내는 세상의 신호를 알아차려 삶의 방향을 올바로 교정하는 노력을 이어가야 합니다.

수행과 배움 그리고 직업적인 성취를 이루기 위해서는 반드시 욕구가 필요합니다. 부처님께서는 이런 건강한 욕구를 서원이라고 표현하셨지만 욕구가 비대해지면 탐욕이라고 표현하셨습니다.

탐욕이 증폭되면 기대 수준이 높아지고, 기대 수준이 높아지면 거의 모든 일에서 불만족이라는 고통을 경험하게 됩니다. 탐욕에 사로잡혀 있는 이들은 집이 있어도 불만족스럽고, 더 좋은 집을 사도 불만족스럽습니다. 끝없이 증폭되는 탐욕이 정신적 고통을 끝없이 재생산하는 것이죠. 이러한 마음의 방향성의 끝에는 행복이 존재하지 않습니다. 오직 파멸이 존재할 뿐입니다. 파멸의 길로 나아가는 삶의 여정 속에서 고통은 우리에게 강렬한 신호를 보냅니다.

'지금 이 고통을 해결하고 싶다면 삶의 방향을 바꿔야 한다!'

만약 이 신호를 알아듣고 발보리심하여 삶을 바꾸려고 노력한다면 마법처럼 고통이 사라질까요? 물론 현실은 그렇게 녹록하지 않습니다. 이 올바른 서원을 실천하는 길 위에도 당연히 고통이 존재합니다. 하지만 전자는 고통을 증폭시키는 고통이고, 후자는 고통을 해결하는 고통입니다. 무엇이 더 가치 있을까요? 병을 치료하기 위해 고통을 감내하듯 수행자는 삶을 바꾸는 과정에서 생기는 고통을 소화할 용기를 내야 합니다.

> 힌두교의 두르가 여신을 믿는 까르나빠Karnapa 외도는
> 쓸데없이 몸을 태우고 칼에 베이는 고통도 견디는데
> 최고의 깨달음이라는 큰 이익을 얻기를 바라면서
> 인내하지 않고 무엇을 두려워하는가. [6:13]

론에서는 열반으로 회귀하고자 하는 이들에게 그 과정에서 생겨나는 고통을 코끼리처럼 인내하기를 권합니다. 우리는 대가로 얻을 수 있는 가치에 따라 인내의 허용량이 달라집니다. 돈을 벌기 위해, 사랑을 얻기 위해, 명예를 가지기 위해, 성공하기 위해 우리는 참고 견디는 정도가 달라지는 것이죠. 하지만 이 모든 대상보다 위대한 가치를 지닌 것은 바로 최상의 행복인 열반으로의 회귀입니다. 그렇기에 진정으로 행복의 길로 나아가기를 서원하는 이들은 이를 위해 필요한 모든 고통을 당당히 받아내겠다는 다짐이 필요합니다. 만약 이렇게 삶을 바꾸기 위한 고통을 용감하게 받아들이기로 다짐한다면, 고통이 다가올까 전전긍긍하는 불안감은 조금씩 줄어들지 않을까요? 이미 예상했던 아픔이 다가오면 우리는 화를 내지 않는 것을 선택할 수 있습니다.

고통을 일부러 찾아다니는 고행주의자가 될 필요는 없습니다. 하지만 어차피 다가올 고통이라면 겁쟁이처럼 도망가서 마음이 흔들리게 두는 것보다, 듬직한 용사처럼 스스로 만든 그 고통을 책임지는 수행자가 되어야 합니다. 고통에 대한 관점이 바뀌면 고통은 지옥이 아닌 행복의 꽃을 피우는 영양분으로 변할 수 있습니다.

익숙함의 힘으로 고통을 뛰어넘기

세상에 어려운 일은 없습니다. 낯선 일이 있을 뿐입니다.

사람들은 어려움이라는 실체가 있다고 착각합니다. 하지만 세밀히 살펴보면 결국 어려움은 익숙한 정도에 따라 변화합니다. 새로운 것을 배울 때는 낯설어서 어렵지만, 반복해서 익숙해지면 쉬워진다는 것을 우리는 이미 알고 있습니다. 어렵다는 말 대신 익숙하지 않다는 말을 쓰는 것만으로도 어려움을 극복하는 힘은 커집니다.

익숙함의 힘을 활용하면 고통을 줄일 수 있습니다. 먼저 고통과 통증을 구분해 보겠습니다. 통증은 순수한 육체적 느낌이고, 고통은 이 통증을 포함한 정신적인 스트레스입니다. 통증은 넘어져서 느껴지는 아픔이지만, 고통은 이 통증에다 넘어진 이런 자신에게 화나서 생기는 스트레스가 더해지기에 강도가 더 셉니다.

[고통과 통증의 관계]

학교에 다니면서 처음 예방주사를 맞을 때 우리는 줄을 서는 동안 그 고통을 상상하며 불안에 떨었습니다. 하지만 재미있는 점은 세월이 지나 주사 맞는 것이 익숙해지면 이 두려움이 점점 적어진다는 것입니다. 심지어 어떤 사람들은 아무렇지도 않게 자신의 몸에 주삿바늘을 꽂기도 하니 익숙함은 고통을 뛰어넘는 최고의 무기입니다.

익숙하게 습관을 들이면
쉽게 되지 않는 일은 아무것도 없나니
그러므로 작은 어려움을 참는 것에 익숙해지면
큰 어려움도 참을 수 있게 된다네. [6:14]

인내심이 늘어난다는 것은 마음이 커지는 것입니다. 마음이 광대해지면 이에 반비례하여 사건이 작아지는 것처럼 느껴지는데, 인내심이 늘어나면 불안감과 분노가 줄어듭니다. 그러므로 삶을 바꾸고 싶은 이들에게 이 인내력은 필수적으로 익혀 두어야 하는 마음의 근육입니다.

주관적 행복 지수와 인내력과의 상관관계를 연구한 간단한 실험이 있었습니다. 사람들에게 얼음물에 손을 집어넣게 하고 인내할 수 있는 최대 시간을 측정한 것입니다. 그 결과 행복 지수가 높을수록 통증을 견디는 시간이 길어진다는 것을 밝혀냈습니다. 이것은 행복한 사람은 인내력이 좋고, 불안에 노출되는 빈도가 적다는 것을 의미합니다.

> 뱀이나 모기, 파리에 물리거나
> 배고픔과 목마름 또는 피부에 난 발진
> 이런 것들은 하찮은 고통이 아닌가.
> 추위와 더위, 비바람과 질병, 감금과 구타 등에도
> 참고 인내하지 않으면 안 되나니
> 그렇지 않으면 해로움은 도리어 늘어만 난다네. [6:15-6:16]

삶을 바꾸고자 하는 수행자에게 정당한 분노는 단 하나도 없습니다. 올바른 견해를 배웠기에 분노는 집착의 결과물일 뿐이라는 진실을 분명하게 압니다. 물론 여전히 불안감으로부터 마음을 보호하지 못하고 화에 사로잡힐 수도 있겠지만, 이는 자기 자신의 실책임을 분명히 알기에 남 탓을 하지 않습니다. 만약 열반으로 나아가는 목표를 추구하는 수행자가 모기에 물린 사소한 일을 참지 못하고 분노한다면 얼마나 황당합니까? 심지어 우리는 질병, 감금, 구타, 욕설, 모함 등에도 분노하지 않기 위해 노력해야 합니다. 이런 상황이 있을 때마다 반드시 저울질해보세요. 분노의 교묘한 전략에 속아서 정당한 분노를 뿜어낼 때의 시원한 느낌과 분노 때문에 자신과 주변 사람들을 분노의 감옥에 가두어서 생겨나는 고통,

이 둘 중 어느 곳으로 추가 기우는지 말입니다. 만약 분노의 감옥에서 경험할 큰 고통이 두렵다면 이 작은 고통을 참아내는 인내력을 키울 필요가 있습니다.

작은 냄비는 뚜껑이 잘 열린다

송덕사 요사채 안심당에는 구들방이 있습니다. 종종 군불을 피워서 땔감을 넣고 불을 피워서 따뜻하게 잠을 자는데, 이때 끓여진 솥을 여러 가지 용도로 활용하기도 합니다. 그런데 과연 열기로 솥뚜껑이 열리는 것이 가능할까요? 냄비 뚜껑이 열리는 이유는 그 용량과 무게가 적기 때문입니다.

어떤 사람은 자신의 피를 보면 더 용감해지는데
어떤 사람은 다른 이의 피만 봐도 기절까지 한다네.
그런 반응은 모두 그 마음이 강한지 약한지에 달려 있나니
우리가 겪는 해로움에 구애되지 말고
우리 자신이 고통을 받지 않게 해야 한다네. [6:17-6:18]

분노가 폭발하는 상황을 '뚜껑이 열린다!'라고 비유하기도 합니다. 이 상황을 상상해보면 이런 의문이 생깁니다. '뚜껑은 왜 열리는 것일까?' 그것은 둘 중 하나입니다. 화력이 강렬하거나 냄비 자체가 작으면 뚜껑은 쉽게 열리게 됩니다.

비유 속의 화력이 외부적 자극의 강도라면 냄비의 크기는 바로 자신의 내공의 크기를 말합니다. 이 두 가지 조건에서 우리가 통제할 수 있는 것은 바로 냄비의 크기입니다. 이것은 인내력으로, 참

을 수 있는 용량이 클 때 뚜껑은 잘 열리지 않아서 그 열기를 소화하는 게 가능합니다. 사람의 마음은 탐욕의 유무에 따라 그 크기가 달라집니다. 탐욕에 사로잡히는 순간 마음은 인색해져서 종지 그릇만큼 작아집니다. 하지만 탐욕으로부터 자유로워지면 우리의 마음은 너그러워집니다. 마음이 너그러울 때는 아무렇지도 않게 넘어갈 상대방의 실수에 화를 냈던 적은 없나요? 이것이 바로 냄비 크기의 차이입니다. 똑같은 크기의 필통이라도 내 마음이 책상만할 때는 작게 느껴지지만, 지우개만 할 때는 거대해 보입니다. 만약 어떤 문제에 대해 고통이 감당할 수 없을 만큼 크게 느껴진다면 자기 자신을 점검해 보는 게 도움이 됩니다. 분명히 마음의 냄비가 작아져 있을 것입니다.

인내력이라는 마음의 힘을 키우는 수행은 꼭 필요합니다. 또한, 인내력이 줄어드는 것을 방비하는 수행 역시도 꼭 필요합니다. 물론 수행을 하지 않아도 고통스러운 상황을 많이 겪으면 인내력이 늘어나지만, 스스로 수행을 통해 마음을 바꾸는 것이 더 효과적입니다. 자력으로 마음의 힘을 키워나갈 때 냄비 같은 마음이 솥과 같은 마음의 크기로 변화하고, 솥과 같은 마음이 바다와 같은 마음의 크기로 바뀝니다.

"작은 냄비는 쉽게 뚜껑이 열립니다!"

우리는 뚜껑이 열리는 상황이 발생하면 이 문장을 기억해야 합니다. 이를 통해 화를 내며 세상을 바꾸려는 것이 아닌 자신의 마음을 넓히는 지혜로운 정진으로 이어나갈 수 있을 것입니다.

걸림돌을 디딤돌로 바꾸다

우리가 미래에 대해 불안해하는 이유는 원하는 대로 되지 않을까 봐 걱정하기 때문입니다. 이 말에는 미묘한 이치가 숨어 있습니다. 사실 미래가 희망대로 될지, 안 될지는 미정인 상태입니다. 그렇기에 걱정은 희망대로 되지 않아서가 아니라, 희망대로 되지 않을지도 모른다는 망상 때문에 일어나는 것입니다. 희망대로 되지 않는 상황을 역경逆境이라고 하는데, 이때 우리의 마음은 불편합니다. 모든 존재는 역경의 불편함을 피해 순경順境의 만족감을 누리려는 본능이 있습니다. 그래서 원하는 대로 세상이 펼쳐지기를 바라는 것은 충분히 자연스러운 욕구입니다.

우리가 사는 사바세계는 수많은 존재들의 원하는 바가 복잡하게 얽힌 것이 현상으로 일어나는 구조입니다. 그렇기 때문에 세상만물의 합에서 원하는 바가 이루어지는 것은 진실이지만, 항상 내가 원하는 대로 되는 것은 아닙니다. 오히려 개개인의 원하는 바가 뜻대로 안 되는 경우가 더 많습니다. 그렇기에 삶의 질을 높이기 위해서는 순경의 상황보다는 역경의 상황에 대처하는 법을 배우는 것이 효과적입니다.

일반적으로 사람들은 역경이 일어나기 전에는 불안감에 시달리고, 일어나고 나면 불만을 가집니다. 이 불만과 불안은 분노하기 딱 좋은 조건인데, 이렇게 예민해진 마음을 누군가 자극하면 분노는 곧바로 더져 버릴지도 모릅니다. 그래서 '너 때문이야!'라고 모함하며 정당하다고 여겨지는 해악까지 저지를 수도 있습니다. 이런 어리석음에서 벗어나고 싶다면 역경에 대한 반응을 조금 바꿀 필요가 있습니다.

> 우리는 신체적인 고통을 겪을 때마다
> 지혜롭게 평화로운 마음을 유지해야 하나니
> 어려운 일을 겪을 때마다 분노와 같은 번뇌와 힘껏 싸워
> 결코 오염되는 일이 없어야 하리라. [6:19]

평범한 사람들은 몸이 아플 때 마음이 가장 약해지는 경향이 있습니다. 특히 통증을 견디는 힘이 평균적으로 약해진 현대인에게 신체의 고통은 정말 치명적입니다. 욕설을 듣는 것이 참기 쉬울까요, 뺨을 맞는 것이 참기 쉬울까요? 신체적 폭력을 야만적인 행위로 규정하며 격분하는 반응을 바꾸는 것은 쉬운 일이 아닙니다. 신체적 고통을 비롯한 피할 수 없는 역경이 우리 삶을 침범하는 순간은 반드시 찾아오기 마련입니다.

> 어떤 고통에도 개의치 않고
> 분노와 같은 적을 물리치는 사람들은
> 영웅이란 칭호를 받아 마땅한 진정한 승리자들이니

세간의 영웅들이란

이미 죽은 사람들을 죽이는 것과 다름없다네. [6:20]

바깥의 적들과 싸우는 세간의 영웅들은 자신의 분노에 잡아먹혀 파멸의 길을 걷는 경우가 많습니다. 백만 명의 원수를 이겼다고 해도 결국 진정한 승리자는 분노입니다. 승자와 패자가 만들어지는 것처럼 보이지만, 양측은 모두 분노의 꼭두각시일 뿐입니다. 혹여나 분노의 꼭두각시였음을 인정한다 해도, 여전히 복수를 하겠다고 고집부릴 수도 있습니다. 그렇다면 다른 관점에서 이 바보 같은 행위를 살펴봐야 합니다. 논에서는 '그 원수를 죽이는 것은 시체를 죽이는 것일 뿐'이라고 말합니다. 생각해보면 그 원수는 어차피 죽을 사람입니다. 우리는 모두 이미 시한부 인생을 살아가는 것이니, 굳이 내가 악업의 과보를 감당하며 손을 보태지 않아도 결국 죽음을 맞이할 것입니다.

진정한 영웅은 바라보는 지점이 다릅니다. 원수를 바라보던 시선을 돌려 진정한 원흉인 분노에 초점을 맞추고 오직 그 분노만을 상대합니다. 석가모니 부처님이 대웅전大雄殿의 주인 자격이 있는 이유는, 석가족의 멸망을 대하는 태도에서 확연히 드러납니다. 만약 일반적인 영웅이라면 과연 친족이 멸망할 때 가만히 있을까요? 아마도 자신의 모든 힘과 동원할 수 있는 모든 세력을 끌어들여 더 큰 전쟁을 일으키고 많은 사람이 죽음을 맞이하도록 했을 것입니

나. 이세 초찜이 이굿있을 때의 시리서음이 보이시나요? 분노에 잡아먹히면 그저 고통을 키울 뿐입니다. 분노라는 주적만을 상대한 석가모니 부처님은 분노와 원한의 연쇄작용이 안타까웠을 뿐 석가족을 멸망시킨 왕에게도, 석가족에게도, 그리고 자신과 세상에도 분노하지 않으셨습니다. 부처님께서는 이미 분노를 완전히 정복하신 대웅의 자격이 있었던 것입니다.

삶의 걸림돌에 걸려 넘어졌을 때 마음의 평화를 유지하기 위해서는 걸림돌을 디딤돌로 활용해야 합니다. 이를 위해서는 주적을 명확히 인지해야 하는데, 삶의 공덕과 행복을 파괴하는 주적은 오직 분노, 분노, 분노뿐입니다. 이것이 바로 걸림돌을 디딤돌로 만드는 첫걸음입니다.

영적인 각성을 위한 기회

더욱이 고통은 여러 가지 긍정적인 점도 갖고 있나니
고통을 겪음으로써 염리심厭離心을 내어 교만심憍慢心이 없어지고
고통받는 사람들에 대한 자비심이 일어나며
악을 버리고 선을 좋아하게 된다네. [6:21]

역경을 통해 우리가 맞이하는 고통은 재료입니다. 우리는 다양한 경험의 재료로 행복의 요리를 만드는 법을 배워야 합니다. 숙련된 마음 요리사는 어떤 재료든 최고의 맛을 낼 줄 압니다. 그렇기에 고통이라는 경험을 적절하게 활용할 수 있어야 합니다. 재료를 다루지 못하는 요리사에게 고통은 마음을 썩게 하는 쓰레기가 되지만 숙련되면 고통으로도 행복의 맛을 낼 수 있습니다.

대부분의 사람이 순경을 즐길 때는 종교를 잘 찾지 않습니다. 세상일이 항상 제 뜻대로 될 것 같은 교만에 사로잡혀 무엇인가에 의지하고, 삶의 방향을 바꾸고자 하는 필요성을 느끼지 못하는 것입니다. 하지만 역경이 찾아와 삶이 괴로워지면 다시 종교를 찾습니다. 이러한 흥미로운 현상은 삶에 의미 있는 힌트를 줍니다.

역경의 고통은 교만을 다스리는 약이 되고, 삶의 방향이 잘못되어 있다는 점을 인지시켜주며, 더 가치 있는 삶을 추구하

는 원동력이 됩니다.

우리 삶에는 길거리의 흔한 돌만큼 역경이 널려 있습니다. 누군가는 그 돌멩이에 걸려 일어나지 못한 채 울기만 할 수도 있습니다. 그 돌은 걸림돌이고 역경은 삶을 진흙탕으로 만듭니다. 하지만 누군가는 그 돌멩이를 딛고 일어서서 올바른 방향으로 박차를 가해 나아가기도 합니다. 이런 경우 그 돌멩이는 디딤돌이라고 하고, 그 역경은 영적인 각성의 원동력이 됩니다.

2020년 늦가을 한라산을 등반한 적이 있습니다. 아침 일찍 주차장에 차를 세우고 등산하는 순간부터 고관절이 시큰했기 때문에 험난한 여정이 될 것이라 예상했습니다. 등반 중반부터는 왼쪽 다리를 절기 시작했는데, 마침내 속도가 거북이처럼 느려졌습니다. 하산할 때는 무릎에 더욱 무리가 가서 나머지 오른쪽 다리도 함께 절었습니다. 결국 10분 걷고 10분 쉬는 가장 느린 하산을 하게 되었습니다. 본래 몸이 튼튼해서 항상 남들보다 앞서 뛰는 편이었는데, 처음으로 할아버지 할머니들에게 추월당하며 마지막으로 뒤처지는 경험을 했습니다.

이 경험을 통해 알게 된 점이 두 가지 있었습니다. 첫째, 세상에는 생각보다 불편함을 겪는 사람들이 많이 있다는 것입니다. 둘째, 불편함을 겪는 이들에게 작은 양보는 큰 도움이 된다는 점입니다. 선두에서 치고 나갈 때는 바빠서 신경도 쓰지 못했지만, 마지막으로 가게 되다 보니 불편한 사람들에 대한 공감과 함께 자비심이 일어났습니다. 불편한 몸으로 산행했던 것이 예상과는 달랐기에 역경이었을지 모르지만, 그 역경을 소화하니 이해와 자비심이 생겼습니다.

우리는 모두 마음의 요리사입니다. 세상이 우리에게 선물하는 요리 재료들을 바탕으로 어떤 경험을 만들어내는지 겨루는 요리대회가 지금 펼쳐지고 있습니다. 훌륭한 요리로 열반의 행복에 나아가고 싶다면, 분노라는 독극물로 자비로운 마음의 요리를 만드는 방법을 꼭 배워야 합니다.

분노의 화살 세례도 자비의 꽃비로 변화시킨 석가모니 부처님과 같이 어떠한 삶의 재료로도 최상의 행복한 경험을 만들어내는 요리사가 되었으면 합니다. 거룩하신 부처님과 지혜로운 가르침 그리고 청정하신 승가에 의지하면 멋진 요리의 레시피recipe를 배울 수 있을 것입니다.

역경의 고통은 교만을 다스리는 약이 되고,
삶의 방향이 잘못되었음을 인지시켜주며,
더 가치 있는 삶을 추구하는 원동력이 됩니다.

자유로워지기

생각 길 바꾸기

고통과 의도 무엇이 문제인가?

다른 사람이 나에게 폭력을 가했을 때 화나는 이유는 신체적 통증 때문일까요, 아니면 그 사람이 나에게 폭력을 가했다는 정신적 스트레스 때문일까요? 이것은 우리의 분노가 일어나는 근거가 어디에 있는지 점검해볼 수 있는 중요한 질문입니다.

풍이나 담 등 병의 고통이 생기는
원인에 대해서는 분노하지 않으면서
그들 역시 조건의 지배를 받을 뿐인데
왜 유정들에게 분노하는가. [6:22]

똑같이 아파서 병원에 입원하더라도 감기에 걸렸을 때는 감기에 화를 내지 않지만, 누군가가 날 때렸다면 그 사람에게 화를 냅니다. 고통을 겪는 원인이 되는 대상에 따라 화를 내기도 하고 내지 않기도 하는데, 이 차별은 왜 생기는 것일까요? 만약 분노가 일어나는 원인이 통증이라면 감기에 걸렸을 때도 우리는 감기에 화를 내야 합니다. 하지만 나에게 해악을 끼치려는 의도가 괘씸해서 화를 낸 거라면, 유정물인 상대에게는 화를 내고 무정물인 감기에는 화를 내지 않는 것이 타당해 보입니다. 하지만 고통을 주려는 의도가 문제라면 누군가 해를 끼치려는 의도만 품어도 우리는 그에게 화를 내야 합니다. 그렇다면 도대체 얼마나 화를 많이 내야 할까요?

유정물이든 무정물이든 결국 외부의 대상일 뿐입니다. 그러니 분노의 원인을 밖에서 찾는 것은 여전히 고통의 주적을 혼동하는 것입니다. 의도적으로 해를 끼친 그 사람도 결국 분노에 지배당한 것이니 이면에 숨겨진 진짜 주적은 분노입니다.

> 원하지 않는데도 원인 때문에 질병이 생기는 것처럼
> 분노와 같은 번뇌도 원인 때문에 생기는 것이라네.
> 화를 내겠다고 생각해서 사람들이 화를 내게 되는 것이 아니듯이
> 화도 자기가 일어나겠다고 생각하기 때문에
> 일어나는 것이 아니라네. [6:23-6:24]

대부분의 사람들은 분노 조절을 하지 못 해서 사고 치는 것을 두려워하는 불쌍한 존재입니다. 자신이 겪어야 하는 고통과 손해가 막심한데도 불구하고 폭발하는 것은 결코 자의가 아닐 것입니다. 그들은 분노하고 싶어서 분노하는 것이 아니라, 분노를 다루지 못하기에 이에 지배당하고 있을 뿐입니다. 불이 대상을 태우는 것이 본성이듯, 분노에 지배당하는 존재는 주변에 해악을 끼치는 것이 본성입니다.

평소에 착하던 사람도 분노에 사로잡히는 순간, 아수라와 같은 모습으로 변하여 주변 사람들을 놀라게 합니다. 그러면 사람들은 분노에 사로잡힌 모습이 그 사람의 본래 모습이라고 착각하여 실망하지만, 진실은 그 반대입니다. 그 사람은 그저 분노라는 귀신에 먹혀서 비정상적인 상태가 된 것입니다. 이것을 알 때 우리는 그를 이해하고 용서할 수 있습니다. 분노라는 번뇌조차도 객관적인 실체가 있는 것이 아닌 조건에 의해서 성립됩니다. 분노는 마음 창고 어딘가에 숨어서 때를 보고 있다 튀어나오는 것이 아니라, 분노가 일어날 수 있는 조건이 만들어지면 불현듯 생겨났다 사라집니다.

마른 장작과 풀을 준비하고 그 위에 부싯돌을 부딪치면 불이 생겨납니다. 그렇다면 이 불은 어디서 왔을까요? 불이라는 실체가 공기 어딘가에 숨어 있다가 "지금쯤 나타나 볼까?"하고 나오는 것일까요? 아닙니다! 그저 불은 일어날 수 있는 다양한 조건들이 충족될 때 나타났다 그 조건이 다하면 사라질 뿐입니다.

열반을 추구하는 우리는 주적인 분노조차도 그저 조건에 의해 일어난 현상일 뿐이라는 것을 분명하게 알아야 합니다.

그럴 때 우리는 분노라는 허상과 싸우는 어리석음을 피할 수 있습니다. 분노를 상대하는 방법은 분노가 일어날 조건을 사라지게 만드는 것이지, 분노라는 실체를 죽이는 것이 아닙니다.

모든 범죄와 여러 종류의 악행들도
모두 조건 때문에 일어나는 것이고
아무 원인 없이 일어나는 것은 없다네.
조건이 모여서 이루어진 것이라 해도
고통을 주는 결과를 낳겠다는 생각이 없고
그 결과로 일어난 고통에도
조건 때문에 생겼다는 생각이 없다네. [6:25-6:26]

세상의 모든 현상은 조건에 의해 잠시 일어났다 사라집니다. 찰나에 생멸하는 존재에게 실체란 없습니다. 이것을 '체體는 공空하지만 용用은 있다.'고 합니다. 이는 자아뿐 아니라 모든 존재에게 공통으로 적용됩니다. 자아가 공하다는 것은 몸이나 마음이 없다는 의미가 아닙니다.

우리의 몸과 마음과 세상의 만물은 찰나찰나 끊임없는 생멸을 반복하고 변화히면서 존재합니다. 그리고 이렇게 생멸하는 몸과 마음을 통해 우리는 객관 세계를 경험합니다. 문제는 몸과 마음을 포함한 오온五蘊을 실재하는 경험의 주체라고 착각하고, 이 주체에게 자아라는 의미를 부여하는 것입니다. 예를 들면 꿈속에서 열심히 돈을 벌어 부자가 된 사람이 있습니다. 이 사람이 꿈속에서 부를 누리다 깼을 때 그 돈들은 어디로 갔을까요? 그리고 부를 누리던 사람은 어디에 있을까요? 꿈속에서는 결국 돈이든 사람이든 그 실체가 공합니다. 하지만 그렇다고 꿈속에서의 경험까지 없는 것은 아닙니다.

이 무아無我와 연기緣起의 진리는 사실 난해한 철학입니다. 왜냐하면 이 연기의 진리는 열반의 세계, 에덴동산으로 돌아가야만 불이의 의식으로서 체험할 수 있고 이분법의 인식으로는 경험 자체가 불가능하기 때문입니다. 하지만 분노를 다스리는 데에는 최고의 명약이기에 이분법에 근간을 둔 언어로는 설명할 수 없는 것을 어쩔 수 없이 언어로써 설명하는 것입니다. 그러니 당연히 이 과정에서 난해함과 불분명함 그리고 헷갈림은 사은품처럼 따라올 수밖에 없습니다.

핵심은 분노, 분노에 사로잡힌 가해자, 그리고 그 해악에 당한 피해자는 모두 조건에 의해 행동했을 뿐이고, 그 행동에 독자적인 의도는 없다는 점입니다. 그저 다양한 조건들에 휘둘렸을 뿐인 이들에게 고통의 책임을 물을 수 있을까요? 이런 논리적 사유들이 말장

난으로 들릴지도 모르겠지만 받아들일 수만 있다면 분노를 다스리는 데 큰 도움이 될 것입니다.

우리는 이미 질병이나 자연재해 등 무정無情의 대상에게는 화를 내지 않는 경향이 있습니다. 이러한 점에 주목하여 유정有情의 가해자 역시 무정물처럼 그저 조건에 의해 우리에게 해를 가한다는 점만 이해한다면 분노가 일어나는 생각 길의 오류를 수정할 수 있지 않을까요? 돌풍이 일어나 내 모자가 날아간 것과 어떤 가해자가 내 모자를 쳐서 날려버린 것이 비록 상황은 달라 보이지만 그 근본은 조건에 의해서 일어났다는 점에서 같습니다. 습관적으로 일어나는 분노의 생각 길을 수정하고 싶다면 이 점을 곰곰이 사유해볼 필요가 있습니다.

용서를 위한 무아의 치료제

'용서'라는 단어는 분노를 다스리는 행위를 모두 내포하고 있습니다. 이를 단계적으로 말하면 '인욕', '참회', '인내', '해탈'입니다. '인욕'의 시작은 마음에서 일어난 분노가 해악으로 이어지지 않도록 참는 것이고, '참회'란 이미 저지른 자기 자신의 해악을 씻어내는 것이며, '인내'란 분노가 일어나지 않도록 예방하는 것입니다. 이러한 용서 여정의 끝에 결국 자아는 '해탈'하게 됩니다.

'해탈'은 인욕, 참회, 인내, 용서를 통해 무아의 약을 바탕으로 자유로워지는 것입니다.

논의 저자인 샨티데바 스님寂天 : 685~763C.E은 공성空性을 중심으로 수행하는 중관학파 출신이기 때문에 『입보살행론』의 「인욕품」에서도 역시 무아의 지혜를 바탕으로 분노의 실체를 해체합니다. 그 핵심 원리는 우리가 분노의 원인이라고 믿는 것들이 사실은 실체 없는 허구에 불과하다는 것을 보여줌으로써 분노해야 하는 정당성을 약화시키는 것입니다.

샹키야학파가 주장하는 '원질'이나
니야야학파가 가정하는 '자아'라고 하는 것도

'원질' 혹은 '자아'가 낳는 것이니

생기겠다고 생각해서 의도적으로 생기는 것이 아니라네.

생기기 전에는 존재하지 않는 것이라면

그때 생겨나기를 바라는 것은 무엇이며

자아가 영원하다면 불쾌한 경험은

유쾌한 경험으로 바꿀 수 없으리라. [6:27-6:28]

인도의 다양한 학파뿐만 아니라 인류 역사를 꿰뚫는 위대한 종교와 철학들은 모두 '내가 존재한다'라는 전제에서 가르침을 펼칩니다. 하지만 오직 불교만이 철저하게 무아의 입장을 고수하는데, 이것은 다른 모든 철학과 그 시작점이 완전히 다릅니다. 특히 「지혜품」에서는 다양한 학파들의 자아론을 모두 공성의 지혜로 논파하는데, 이 무아의 지혜를 복용해야 인욕에서 온전한 열반으로 나아갈 수 있습니다.

세상을 용서한다는 것은 결국 선악과로 인해 생겨난 자아를 비롯한 다양한 허구의 개념을 모두 용서해내는 과정입니다. 그리고 이 과정을 완수할 때 우리가 실재한다고 믿던 모든 것들 즉, 우주 전체가 사라집니다. 이 문장에서 오해하면 안 되는 것이 '우주가 사라진다'는 것은 '무無로 돌아간다'는 것이 아니라, '그 실체가 공함을 인지한다'는 것입니다. 깨치는 것을 두려워하지 않아도 괜찮습니다. 환상의 경험이 사라진 자리에는 있는 그대로의 진실한 경험이 이이길 깃입니다.

서양 철학에서는 '이데아'라는 독립적이고, 영원불멸한 관념적 실체를 중요하게 여깁니다. 샨티데바 스님은 논에서 이렇게 묻습니다.

"독자적으로 원인 없이 생겨난 이데아와 같은 원질, 자아가 존재하는가?"

이에 대하여 자세한 논의는 「지혜품」을 참고하시고, 결론부터 말하자면 그렇지 않습니다. 하지만 이것이 용서를 배우는 것과 무슨 관계가 있을까요?

만약 우리가 오해해서 가해자를 잘못 지정한 것이라면 어떻게 될까요? 오히려 가해자는 우리에게 모함당한 것이기에 피해자가 됩니다. 때때로 차오르는 분노를 감당하지 못하고 삶 속에서 이런 실수를 저지르지 않나요? 이 실수로 인해 내면의 평화는 깨지고 좋았던 관계가 찢어지기도 하니, 이런 오류는 교정해야 합니다.

우리를 고통스럽게 만든 상황을 살펴보면 정말 다양한 조건들이 공범으로 작용합니다. 그중 가장 큰 주적은 분노입니다. 또한 원수라고 생각하는 사람과 분노했거나 분노할 준비가 된 자기 자신의 마음 역시 고통의 주된 원인입니다. 좀 더 세밀하게 분석하자면, 무한에 가까운 조건이 모여 형성된 고통을 왜 그 중 단 하나의 조건일 뿐인 '그 사람'에게만 100% 책임을 묻는 실수를 하는 걸까요? 그것은 공성의 지혜가 없기 때문입니다. 분노에 빠진 이들은 분노도,

가해자도, 나도 고정불변하는 독립적인 실체가 있다고 오해하고
있는 것입니다.

영원이라는 지옥

사람들은 흔히 영생을 꿈꿉니다. 하지만 조금만 생각해보면 영생은 지옥일지도 모릅니다. 최근 한국형 판타지 장르의 드라마 〈도깨비〉, 〈쌍갑포차〉, 〈호텔 델루나〉, 〈구미호뎐〉 등이 대중문화로 소개되고 있는데, 이 드라마 속 주인공들은 한 가지 공통점이 있습니다. 그것은 천년에 가까운 세월을 살아가고 있다는 것입니다. 그런데 그 기나긴 수명이 과연 그들에게는 행복일까요? 주인공들은 긴 수명을 '형벌'이라고 표현합니다.

> 만일 자아가 영원하다면
> 그것은 허공처럼 아무 활동도 할 수 없을 것이며
> 다른 조건들을 만나더라도 여전히 아무것도 할 수 없으리라.
> 어떤 행동이 가해져도 자아가 전과 같은 상태로 남아 있다면
> 행동이 자아에 무슨 영향을 미치는가.
> 어떤 것이 자아에 영향을 준다고 주장한다면
> 자아와 그것은 어떤 관계를 가지는가. [6:29-6:30]

사람들은 자신의 고통에 대해 누군가를 탓하고 원망하려 합니다. 보통 누군가를 원수라고 여기는 것은 고통을 주는 무한한 조건 중 하나에게 그 책임을 묻는 것입니다. 논에서 이 행위의 오류를

무아의 지혜로써 논파하면 사람들은 반감을 일으키며 다양한 논리로 자기 자신의 정당성을 주장하고 싶을 것입니다. 무아의 입장에서는 당연히 정당한 분노가 없지만, 자아가 영원하다고 가정하면 과연 정당한 분노는 있을까요?

존재의 실체가 있다면 그 원수가 고통의 원인이 될 가능성은 있습니다. 하지만 조금 다르게 생각해보면 논리적 오류는 분명 존재합니다. 만약 존재가 영원하다면 변화는 불가능할 것입니다. 내가 고통스럽다면 그건 원래 고통스러웠을 뿐 변화한 것이 없고, 외부 대상은 결코 내 경험을 변화시킬 수 없습니다. 존재가 영원하다는 주장이 지닌 함의로 보면 평화로웠던 마음이 분노로 변화하는 것은 불가능하다는 것입니다. 우리가 본능적으로 희망하는 영원이라는 것은 끔찍한 감옥입니다. 만약 이 감옥에 갇힌다면 우리는 목석처럼 움직이지도 못하고, 탈출할 방법도 없습니다. 이러한 영원이 과연 멋진 건가요?

살펴본 것처럼 자아가 실재하든 아니든 상관없이 분노의 원인이 가해자에게 있다는 것은 환상입니다. 무아와 연기의 진리로써 살펴보면 고통과 분노에 대한 사건은 수많은 공범으로부터 비롯된 것입니다.

이와 같이 모든 것은 다른 조건들로부터 일어나고
또 아무것도 독자적으로 일어나는 것은 없나니

모든 것은 환영과 같아

스스로의 힘으로 활동하는 것이 아닌데

어떻게 화를 내겠는가.

'모든 것이 환영과 같다면, 누가 무엇을 억제하며,

어떤 억제든지 적절하지 않다'고 말한다면

모든 것이 다른 것에 의존해 일어나기 때문에

우리는 고통이 지속되는 것을 끊을 수 있다네. [6:31-6:32]

모든 존재는 무한한 조건들에 의지해 찰나 간에 존재하고 사라집니다. 마치 깜빡이면서 움직이는 활동사진을 실재라고 착각하듯, 우리 역시 수없는 생사의 깜박임 속에서 연기적으로 존재한다고 착각합니다. 하지만 분명한 것은 이 실체 없는 상태가 아무것도 없는 허무 또한 아니라는 점입니다. 독립적이고 영원한 이데아가 없을 뿐 끊임없이 변화하는 작용으로써의 경험은 있습니다. 그렇기에 우리는 환영 같은 분노와 고통, 평화와 행복을 경험할 수 있는 것입니다.

끝없는 변화는 희망입니다. 우리가 용서를 통해 고통을 변화시킬 수 있는 이유는 고통에는 실체가 없기 때문입니다. 우리는 끝없이 변화하는 연기적 존재이기에 역동적인 변화의 자유를 누릴 수 있습니다.

우리는 지금 고통에 절망할 것이 아니라 어리석음을 지혜로 바꾸어 열반의 행복으로 나아가야 합니다. 열반의 행복으로 나아갈 수 있는 이유는 바로 우리가 '무아'이기 때문입니다.

영화처럼 바라보기

지금까지는 무아의 지혜를 원수를 비롯한 분노의 외부적 조건들에 적용해보았습니다. 이제부터는 무아의 지혜를 주관적인 경험에 적용하는 방법을 배워보도록 하겠습니다. 『금강경』에서는 부처님께서 하신 설법이라는 행위에 대해 이렇게 표현합니다. '설법했지만 설법한 바가 없다.' 이것은 무아의 지혜를 품은 행위에 대한 멋진 표현입니다.

우리가 하는 경험에 무아를 적용하는 방법은 이른바 '영화처럼 바라보는 것'입니다.

예를 들어 내가 친구에게 화가 난다면 그때 바로 화를 내는 것이 아니라, 영화 속 주인공이 화를 내는 것을 구경하듯 그저 상황을 바라보는 것입니다. 행복할 때도, 밥 먹을 때도, 친구를 만날 때도 그 모든 행위를 구경할 수만 있다면 우리는 경험을 혁신적으로 바꿀 기회를 잡게 됩니다.

마음을 찾아온 분노라는 손님은 사실 붙잡지 않으면 금방 떠납니다. 하지만 80년 동안 손님이 마음에서 떠나지 않고 주인이 되어버리는 경우도 발생하는데, 이것은 손님을 붙잡으려는 자신의 집착 때문입니다. 이 문장을 보면 '분노를 누가 잡아두고 집착하겠느냐!'

라는 거부감이 들 수도 있습니다. 하지만 마음의 원리에 무지한 이들은 마음에 찾아온 손님에 대해 강렬하게 집착합니다. 사람들은 즐거운 마음은 유지되기를 바라고, 고통스러운 경험은 없어지기를 바랍니다. 이를 차례로 탐욕과 분노라고 합니다. 보통 탐욕을 집착이라고 알고 있지만 없어지기를 바라는 분노 역시 강렬한 집착입니다. 그리고 이 두 가지 모두 강렬한 집착이기에 경험을 바꾸는 데 방해가 됩니다.

무아의 관점에서 경험을 구경하는 이유는 집착이라는 땔감이 사라질 때 비로소 마음속 불길을 잡을 수 있기 때문입니다. 마음에서 자비심이 일어나든, 질투가 일어나든, 환희심이 일어나든, 분노가 일어나든 그냥 가만히 두고 구경해보세요. 내 살림이 아닌 것에 조작하려 하지 않고 내버려 둘 때, 비로소 깨어있음은 증폭되고 집착이 떨어져 삶은 바뀔 가능성이 커집니다.

그러므로 적이나 친구가 부적절한 행동을 하는 것을 볼 때

그것이 다른 요인 때문에 생긴 것이라고 생각하면

우리는 마음의 안정을 유지할 수 있으리라. [6:33]

분노라는 바이러스를 치료하는 가장 강렬한 약은 바로 무아의 지혜입니다. 이는 선악과 자체를 뱉게 해서 분노뿐 아니라 탐욕, 우치까지도 치료하는 환상의 만병통치약입니다. 만약 다른 사람이

부석설한 행동을 해서 분노가 일어나고, 아무리 그 분노가 정당해 보여도 그것에 몰입하기보다는 그저 영화를 보듯 구경해야 합니다. 물론 이미 분노에 주의력을 완전히 빼앗긴 상태라면 이 구경하기가 불가능할지도 모릅니다. 그래서 분노를 다스리는 길에 있어 깨어있음의 훈련은 필수입니다. 깨어있어야만 분노에 대한 반응을 선택하고 바꿀 수 있습니다. 깨어있음이 유지된다는 전제에서 조언 하나를 해드리자면, 분노하고 있는 마음을 구경하면서 이 문장을 떠올려 보세요. '내 분노, 내가 받는 고통의 원인은 무한하고, 저 사람은 그중 단 하나의 조건일 뿐이다.'

분노의 계략에 더 이상 속아 넘어가지 마세요. 그동안 우리는 이 노련한 적에게 속아 수없이 재산과 명예, 사람과 성공 그리고 행복을 빼앗겼습니다. 이 사실을 기억하고 주적에게 온전히 초점을 맞추면 분노의 놀음판을 조금이라도 멈출 수 있을 것입니다.

무한에 가까운 조건이 모여 형성된 상황인데
왜 조건 중 하나일 뿐인 그 사람에게
100% 책임을 묻는 실수를 하는 것일까요?

Part 3

용서에 귀 기울이기

행복으로 나아가는 방법

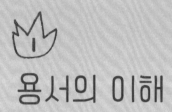

용서의 이해

행복으로 나아가는 방법

가해자? 그저 불쌍한 존재일 뿐

만약 자기 생각대로 이루어진다면

누구도 고통은 원하지 않으므로

세상에는 고통받는 이가 아무도 없으리라.

그러나 어떤 이들은 부주의해서

가시 위에 앉다 자기 자신을 해치기도 하고

배우자를 얻으려는 욕망이 너무 강하여

식사조차 하지 않기도 한다네.

또 어떤 이들은 목을 매거나

절벽에서 뛰어내리거나 독약을 마시거나

몸에 해로운 물질을 섭취하는 부덕한 행동으로

자기 자신을 파멸시키기도 한다네. [6:34-6:36]

113

나를 고통스럽게 했던 기혜지는 분명 분노에 사로잡혀 있었을 것입니다. 만약 분노하지 않았더라도 방일, 탐욕, 들뜸 등 번뇌에 사로잡혀 있었을 것입니다. 그를 이해하고 용서하기 위해 번뇌에 사로잡혀 있는 사람이 하는 실수를 살펴보면 참으로 불쌍합니다.

중생은 주의력이 부족하여 타인뿐 아니라 자신까지도 위험하게 만듭니다. 또한, 지혜의 부족으로 잘못된 선택을 해서 큰 손해를 보기도 합니다. 우리가 도저히 용서하지 못할 것 같은 그 가해자는 번뇌에 사로잡혀 나와 남을 실수로 해칠 가능성이 있는 불쌍한 중생일 뿐입니다. 우리 고통의 주적은 오직 분노 즉, 번뇌뿐입니다.

> 번뇌에 사로잡힌 사람들은
> 그토록 소중하게 여기는 자기 자신까지 죽이는데
> 어떻게 그들이 남들에게 해를 끼치지 않는다고 할 수 있겠는가.
> 번뇌 때문에 이성을 잃어 자살까지 하는 사람에 대해
> 자비심은 못 낼망정 화를 내서야 되겠는가. [6:37-6:38]

한국 사회에서 사람들이 사망한 여러 원인을 보면 슬픈 진실이 드러납니다. 이제는 교통사고를 당해서 죽는 것을 두려워하기보다는 스스로 목숨을 끊는 일을 더 두려워해야 할 만큼 자살의 빈도수가 높아졌습니다. 이는 한국 사회가 평균적으로 얼마나 강렬하게 번뇌에 지배당하고 있는지를 볼 수 있는 지표입니다. 세상의 모든

존재는 분명 고통을 피하고 행복해지려는 이고득락의 욕구가 있습니다. 번뇌에 사로잡히지 않는 한 과연 스스로 목숨을 끊는 선택을 할 수 있을까요?

많은 사람이 자살하고, 그보다 더 많은 사람이 자살 시도를 하며, 그보다 훨씬 많은 사람이 자살에 대한 욕구를 지니고 있다고 합니다. 생존에 대한 본능조차 뛰어넘을 만큼 번뇌에 강렬하게 지배당하고 있는 이 불쌍한 이들에게 우리는 자비심을 지녀야 합니다. 물론 그들이 실질적인 통증과 피해를 나에게 준다면 정도에 따라 화가 날 수도 있을 것입니다. 우리는 이럴 때 정신을 바짝 차려야 하는데, 만약 그 흐름에 빠져 버리면 나와 그 불쌍한 가해자는 번뇌에 잡아먹혀 고통의 감옥에 갇히게 될 것입니다. 그리고는 자신의 삶을 번뇌에 저당 잡혀 평생 노예가 되거나 긴 윤회의 시간을 고통 속에서 지내게 될 것입니다.

내가 겪는 고통의 원인을 명확하게 분석하여 가해자가 아주 작은 잘못만 했다는 진실을 알게 되더라도, 남은 감정 때문에 가해자를 용서하지 못할 수 있습니다. 그렇다면 마음의 방향성을 그를 불쌍히 여기는 연민심으로 바꿔 그 앙금을 제거해보려고 노력해야 합니다.

이러한 용서의 발버둥은 가해자를 위해서가 아니라 자신을 분노의 감옥에서 해방하기 위해서 하는 것이니, 부디 마음속

연민심이라는 향초에 불꽃을 붙여주세요. 그 사비심의 향기가 나를 넘어 그를, 그리고 세상의 분노를 녹이는 약이 될 것입니다.

번뇌와 사람을 분리하는 지혜

아무리 극악한 범죄자라도 그 사람은 누군가의 가족입니다. 그가 누군가에게는 해악을 끼쳤을지 모르지만, 사랑하는 이들에게는 소중한 가족일 수 있습니다. 그렇기에 범죄자의 어머니들은 흔히 이런 표현을 합니다.

"원래 그런 애가 아니에요. 얼마나 착한 아이인데……."

조건 없는 사랑의 모범적인 예는 바로 어머니의 사랑입니다. 그리고 이 조건 없는 사랑에 포함된 지혜의 눈은 사람과 번뇌를 구분해서 볼 수 있도록 돕습니다. 범죄를 저지른 아들을 여전히 사랑하는 어머니는 그의 범죄를 칭찬하거나 인정하거나 사랑하는 것이 결코 아닙니다. 범죄 행위와 구분되는 그 아들을 무조건 사랑하는 것입니다.

남을 해치는 것이 어리석은 범부들의 본성이라면
그들에게 화를 내는 것은 부당한 일이니
타는 본성을 갖고 있다고 불에게 화내는 것과 같다네.
중생의 허물은 일시적인 잘못일 뿐이고
그들의 본성은 선량한 것이라면
그들에게 화를 내는 것은 부당하나니
구름이 끼었다고 하늘에게 화를 내는 것과 같다네. [6:39-6:40]

모든 존재를 무조건 사랑하기 위해서는 하늘과 구름을 구분하는 지혜가 필수입니다.

범죄라는 구름을 옹호할 수는 없습니다. 그리고 구름과 중생이라는 하늘을 동일시할 필요도 없습니다. 분노에 사로잡혀 주변을 힘들게 만드는 불쌍한 중생을 용서하고 사랑하기 위해서는 이 둘을 명확히 구분하는 것이 도움이 됩니다.

세상의 모든 가해자는 우리와 똑같은 피해자입니다. 세상의 상식에서 우리는 가해자에게 피해를 받았지만 사실 가해자도 번뇌에게 피해를 받았습니다. 범죄자 중 다수는 우발적으로 누군가에게 피해를 줍니다. 이런 경우 범죄자는 평소 그 사람과 알고 지내는 사람들이 도저히 상상할 수 없는 모습을 보이며 피해자에게 해악을 가합니다. 마치 귀신에 쓴 것처럼 사람이 변한다고 표현하는데, 분노라는 귀신은 이렇게 착한 사람도 순식간에 악인으로 변화시킵니다.

분노가 모든 공덕을 한순간에 태워버린다고 했던 것을 기억하셔야 합니다. 우리의 마음은 지금 이 순간 평화롭고 착할지 모르지만, 분노에 사로잡히는 순간 어떤 악한 마음으로 자신과 주변 사람에게 해악을 끼칠지 알 수 없습니다. 가해자인 그도 이 분노를 다스리지 못해서 그렇게 자기 자신의 삶까지도 망친 것입니다.

범죄자, 가해자에 대해 말하면 남의 얘기 같고 멀게 느껴질 수 있습니다. 하지만 평범한 우리 역시 일상을 살아가며 자잘한 반감과 짜증, 그리고 표출되지 않은 분노와 자주 마주치게 되고, 그때마다 분노의 대상을 마음에 품게 됩니다. 절대 안 그럴 거라고 믿었던 우리 자신이 해악을 저지르게 되는 것입니다. 심지어 그 대상은 우리와 자주 만나는 친한 사람, 사랑하는 이들이 될 가능성이 큽니다. 번뇌와 그 사람을 구분하는 지혜는 우리가 사랑하는 이들과의 관계를 지키기 위해서 반드시 필요한 힘입니다.

분노의 이어달리기

요즘 교통사고 사건에 100% 과실 판결은 거의 없다고 합니다. 이 원리로 분노와 가해자와의 관계에 적용해보면 조금 더 합리적인 판단이 가능할 것 같습니다. 한번 다양한 관점에서 가해자와의 과실 비율을 따져보도록 하겠습니다. 우선 그 사람은 왜 나에게 해를 끼친 걸까요? 그 사람이 비정상적이라 아무 이유도 없이 해를 끼쳤을까요? 평소엔 멀쩡하던 사람이 왜 그랬을까요?

그 사람에게 분노가 일어나는 원리를 적용해보면 분명 무엇인가가 거슬렸을 것이고, 그 무엇인가가 계속 긁어서 결국 뚜껑이 열렸을 것입니다. 그리고 그 과정에서 나 또한 원인을 제공했을 것이기에 과실 비율을 따져봐야 합니다.

누가 막대기 같은 것으로 우리를 해치면
우리는 그것을 휘두른 사람에게 화를 내지만
그도 분노에 휘둘린 사람이니
우리가 화내야 할 대상은 바로 분노라네.
내가 과거에 남들에게 해를 끼쳤으니
그들이 지금 나에게 해를 끼치는 것은
너무도 당연한 것이라네. [6:41-6:42]

이 지구에 공통으로 적용되는 물리 법칙 중에 '작용 반작용의 법칙'이 있습니다. 이것은 관계 속에서도 똑같이 적용됩니다. 만약 번뇌에 사로잡힌 누군가가 나에게 피해를 준다면 그것은 번뇌에 사로잡힌 과거의 내가 저지른 해악에 대한 반작용일 뿐입니다.

이러한 업보 사상을 대할 때 우리는 흔히 이런 착각을 합니다. A라는 사람에게 저지른 악업에 대한 과보는 A에게 받게 된다고 말입니다. 하지만 악업의 과보에 대한 진실은 A를 포함한 세상의 모든 누구로부터 되돌아올 수 있습니다. 이 말은 태국에서 저지른 폭력의 실수가 한국의 다른 누군가로부터 폭력이 되어 되돌아올 수 있다는 것입니다. 우리는 존재의 실체가 있다고 생각하기 때문에 A라는 피해자가 독립적이라고 여깁니다.

A는 모든 존재와 연결된 세상의 일부입니다. 시인들이 하나의 나뭇잎에서 바람과 햇빛 그리고 우주를 바라볼 수 있는 이유는 하나의 나뭇잎이 모든 존재와 연결된 세상의 일부이기 때문입니다.

A를 지혜롭게 바라보는 관점은 그를 통해 세상을 보는 것입니다. 이런 관점에서 보면 A에게 해악을 끼치는 것은 개인적인 것을 넘어 세상에 해악을 끼치는 것입니다. 그렇기에 그 과보는 세상 어디서든 되돌아올 수 있습니다. 다시 서두의 질문으로 되돌아가면

A가 나를 때린 이유는 과거의 내가 저지른 악업에 이끌렸기 때문입니다. 세상의 누군가로부터 되돌려 받게 될 과보를 그가 담당한 것입니다. 그는 내가 저지른 악업에 의해 범죄에 유도된 것이니, 원인 제공을 한 것은 오히려 나입니다.

과거의 악업을 따져보지 않더라도 상식적인 사람이라면 결코 '묻지마' 폭행을 저지르지 않습니다. 다른 사람을 폭행하는 것은 굉장한 용기가 필요합니다. 폭력에 자신이 노출될 위험성과 폭력을 저지를 때 생겨나는 경제적 손실, 그리고 명예를 잃을 가능성까지 모두 감당해야만 합니다. 그런데도 그가 폭행을 저지른 이유는 사건이 일어나기 전 내가 눈에 거슬리는 행동을 했을 것이기 때문입니다.

[분노와 가해자와의 관계]

이것저것 따져도 그에게 100% 과실을 묻는 것은 분명 비합리적입니다. 입장 바꿔 생각해 보면 억울함이 가득할 것이라고 충분히 예상할 수 있지 않나요? 우리가 입은 피해에 대한 가해자는 없습니다. 더는 환상에 속지 마시고 그를 용서해주세요. 굳이 원망의 대상을 찾고 싶다면 분노라는 번뇌에게 그 책임을 물으세요. 그리고 그 책임을 가장 확실하게 묻는 방법은 바로 이 분노를 지워버리는 것입니다. 분노와의 전쟁에서 승리하여 탐욕의 뿌리를 뽑고, 더 나아가 자아의 실체를 꿰뚫어 알게 되면 우리는 선악과가 만들어낸 환상의 세계 자체를 용서할 수 있게 됩니다.

무기 vs 몸, 통증의 주된 원인은?

이 세상은 오직 경험뿐입니다. 우리는 지금 이 순간 미국의 한 피자집이 실존하는지 증명해낼 수 없습니다. 실존 여부와 상관없이 내가 경험하지 못하는 것은 나에게 아무런 의미가 없습니다. 예를 들어 지구 밖에 있는 블랙홀이 우리 동네에 나타나지 않는 한 내 삶의 행복과 무슨 상관이 있을까요?

경험은 육근안·이·비·설·신·의과 육경색·성·향·미·촉·법의 만남으로 이루어지는데, 감각기관인 육근은 주관이고 감각 대상인 육경은 객관세계입니다. 만약 우리가 고통을 경험하면 그것은 육근과 육경의 다양한 조건들이 결합하여 생성된 것입니다. 그러니 고통을 겪기 쉬운 육근의 조건과 육경의 조건 그리고 반대로 고통을 겪지 않는 조건을 알게 되면 경험의 질을 바꿀 수 있지 않을까요?

> 그의 막대기와 나의 몸 이 두 가지가 고통의 원인인데
> 그가 막대기로 나의 몸에 해를 가했다면
> 내가 어느 쪽에 화를 내야 하는가.
> 자신의 갈애와 탐욕 때문에 닿기만 해도
> 견딜 수 없는 종기 같은 인간의 몸을 얻었는데
> 이것이 고통을 받을 때
> 우리는 누구에게 화를 내야 하는가. [6:43-6:44]

육체적 통증이 일어날 때 우리는 원초적인 분노에 사로잡히는 경향이 있습니다. 그런데 그 통증이라는 경험이 일어나기 위해서는 주관인 육근과 객관 대상인 육경이 서로 화합해야 합니다. 이를 단순화하면 고통의 원인은 둘이라는 것입니다. 즉, 하나는 육경인 나를 때린 대상과 육근인 내 몸이 화합하여 통증을 일으키는 것입니다. 그렇다면 둘 중 더 주된 원인은 무엇일까요?

다리가 반쯤 부러진 의자가 있습니다. 누군가 그 옆을 지나가다가 실수로 의자를 툭 쳤고, 의자는 그만 부러져 버렸습니다. 누구나 방일이라는 번뇌에 빠지면 이런 실수를 할 수 있습니다. 이 상황에서 의자 주인이 실수한 그 사람에게 수리비를 요청하고 그 사람을 가해자라고 비난하는 것이 합리적일까요?

피부가 곪으면 바람만 스쳐도 자지러지게 아픕니다. 누군가 몸에 난 종기로 고생하고 있는데, 지나가던 사람이 우연히 그 종기가 있는 곳을 살짝 눌렀습니다. 그럼 피해자는 통증에 자지러지면서 그 사람을 "죽일 놈!"이라고 원망하고 분노하면서 용서하지 못할지도 모릅니다. 그렇지만 이 행위가 과연 합리적일까요?

우리가 고통을 경험하는 이유는 자기 자신의 육근을 제대로 관리하지 못하고 망가뜨렸기 때문입니다.

우리는 약한 몸을 지닌 인간으로 태어났고, 삶을 살아가면서 그 약한 몸을 병들게 하였습니다. 여기에 더해 마음은 스브레스도 예민에게서 언제 어디서든 분노할 수 있도록 준비된 상태입니다.

만약 예민해진 어느 날, 그 사람이 아닌 다른 누군가가 우리에게 완전히 다른 실수를 했어도 과연 화를 내지 않았을까요? 습관적으로 분노하는 보통 사람들은 '누구든 걸려만 봐라!'라고 벼르는 '분노 레디ready' 상태에 있습니다. 어쩌면 우리도 이미 나약한 몸뚱이와 지독한 번뇌에 사로잡힌 채 누구든 걸리기만 하면 그에게 모든 잘못을 뒤집어씌우겠다고 기다리는 '자해공갈단'인지도 모르겠습니다. 물론 우리가 이렇게 비상식적이고 이상한 상태에 놓여 있는 것은 번뇌에 사로잡혀 있기 때문입니다.

객관적이고 합리적으로 과실 비율을 다시 한번 따져보겠습니다. 가해자가 나를 때린 무기와 종기 같은 몸, 둘 중에 무엇이 과실 비율이 더 높을까요? 상대방보다 내가 더 높은 과실 비율이 있다는 것을 인정하지 못한다 해도, 가해자라고 믿고 있던 그에게 100% 과실이 있지 않다는 것은 이제 충분히 인정할 수 있지 않나요?

삶의 주인공은 나, 책임자도 나

모든 사람은 삶이라는 연극의 주인공이자 작가입니다. 이렇게 중요한 역할을 담당한다는 것은 그만큼 큰 책임이 따른다는 것입니다. 삶의 모든 경험에 대한 책임은 작가이자 주인공인 나에게 있습니다. 만약 이 중요한 역할과 책임이 부담스럽다면 포기해도 좋습니다. 하지만 의무를 포기하게 되면 권리 또한 양도하게 되는데, 범부들은 보통 번뇌에게 주인공 자리를 내주고 그 노예가 됩니다. 꼭 주인공으로 살아야 할까요? 그것은 아닙니다. 하지만 노예의 삶을 선택해 놓고 주인공의 행복을 누리지 못하는 것에 대해 불평하지는 말아야 합니다.

어리석은 범부는
고통을 원하지 않으면서도 고통의 원인은 좋아하나니
고통은 우리 자신의 잘못으로 일어나는데
왜 남들에게 화를 내는가. [6:45]

범부가 경험하는 삶의 연극은 변질되어 있습니다. 주인공이었던 우리는 번뇌에게 권한을 양도함으로써 조종당하는 인형극의 광대로 전락했습니다. 너무나 오랫동안 번뇌의 명령에 따랐기에 우리는 진실마저도 잊어버렸습니다. 삶의 주인공은 바로 나라는 것을 인정해야 인형극의 무대 위에서 내려올 수 있습니다. 그래야만 진정한 자유와 행복을 누릴 수 있는 가능성이 열립니다.

고통과 행복의 원인이 되는 행동을 알고 있다면 우리는 고통과 행복 중 무엇을 선택할까요? 우리는 초등학교 도덕 시간에 배웠던 행복의 원칙들만 잘 지키고 살아도 충분히 행복해질 수 있습니다. 하지만 그 선택을 잘하지 못하는 이유는 번뇌 때문입니다. 정확히 표현하면 번뇌에게 선택의 권한을 양도해서 번뇌가 시키는 대로 오답을 선택하는 것입니다.

만약 A라는 선택으로 지옥 같은 경험이 다가올 것을 예상할 수 있다면 누가 A를 선택할까요? 하지만 우치의 명령을 따라야 하는 꼭두각시는 A를 스스로 선택하여 지옥과 같은 삶을 경험합니다. 하루빨리 정신 차리고 삶을 바꾸는 선택을 하지 못한다면, 다음 생에는 진짜 지옥에서 형벌과도 같은 고통을 겪으니 꼭두각시의 삶은 참 안타깝습니다.

지옥의 옥졸들과 칼 숲에서 우리가 받는 고통은
모두 자신의 행동의 결과로 받는 것인데
대체 우리가 누구에게 화를 내는가. [6:46]

죽음 뒤에 경험하는 지옥의 불은 염라대왕이 만들었을까요? 『자비도량참법』에서는 염라대왕도 결국 악업의 결과로 지옥에 떨어진 불쌍한 중생임을 밝히고 있습니다. 우리의 상상과는 다르게 염라대왕도 매일 일정한 간격으로 지옥의 고통을 경험한다고 합니다. 지옥이 '메이드 바이made by 염라대왕'이 아니라면 누구의 작품일까요?『자비도량참법』에서 지옥은 중생의 번뇌와 악업이 모여 만들어졌다고 합니다. 삶을 살아가며 겪는 지옥 같은 경험들이 자업자득自業自得이듯, 죽음 이후의 지옥 역시 내 번뇌로 인해 생겨난 것입니다. 그렇기 때문에 모든 고통은 번뇌로부터 나온 것이라고 간단하게 생각하시면 됩니다. 만약 삶을 살아가는 동안 누군가의 폭력과 조롱 때문에 화가 난다면, 모든 고통은 번뇌가 만든 것이라는 원리를 적용해서 바라봐야 합니다.

필자는 전작인『스님의 사랑 수업』에서 존재가 지닌 무한한 가능성을 많이 언급했습니다. 모든 존재가 배우지 않아도 사랑을 실천할 수 있는 이유는 모든 존재가 사랑의 원석 그 자체이기 때문입니다. 수행을 통해 이 사랑의 원석을 가공하면 사랑의 빛이 삶을 밝히게 되는데, 그 완성은 열반이라고 합니다.

중생은 이미 모두 열반에 도달해 있습니다. 다만 탐진치의 독소에 물든 상태로는 지금 이 자리가 열반이라는 사실을 인식하지 못할 뿐입니다. 고통에서 벗어나 열반을 되찾기 위해 수행하다 보면 때때로 기적과도 같은 일들을 경험하게 됩니다. 그러나 그 일들은 기적이 아니라 본래 우리가 누려야 할 당연한 행복입니다. 부러진 다리로 고생하다 다 나아서 뛸 수 있게 되면 마치 그 순간이 기적처럼 느껴질 수 있습니다. 하시만 뭐는 것은 본래부터 타고난 능력이었습니다.

열반은 무한한 가능성입니다. 우리는 이 가능성을 지니고 있기에 마음에 품은 것을 경험할 수 있습니다. 삶의 모든 경험은 오직 내 책임입니다.

육근도 내가 가꾼 것이고, 육경도 내가 가꾼 것입니다. 내가 만든 경험을 남 탓이라고 우기는 것은 유치한 변명입니다. 경험의 책임은 나에게 있다는 것을 인정할 때 변화가 시작됩니다.

세상의 모든 위험을 피하는 전략은 매우 어렵습니다. 이보다는 자기 자신의 몸과 마음을 튼튼하게 만드는 것이 훨씬 성공 가능성을 높이는 길입니다. 종기와도 같은 육근을 건강하고 힘 있게 가꿀 때 우리는 인욕, 참회, 인내, 온전한 용서까지도 할 수 있습니다.

악업의 과보를 책임지는 자세

지금까지는 피해자의 관점에서 가해자를 왜 용서해야 하는지를 살펴봤습니다. 그러나 분쟁에서의 입장은 언제든지 바뀔 수 있기 때문에 가해자가 자기 자신을 용서하는 방법도 알 필요가 있습니다. 우리는 왜 자기 자신을 쉽게 용서하지 못한 채 마음의 허물을 안고 살아가는 것일까요?

여기에는 크게 두 가지 감정의 축이 있습니다. 하나는 죄책감이고, 다른 하나는 억울함입니다. 실수로 누군가에게 피해를 줘서 범죄자가 된 사람이 있다고 해봅시다. 처음에 그는 진상을 알지 못했기 때문에 마음에 죄책감이 생겼습니다. 하지만 시간이 지나면서 그 일로 겪게 되는 과한 손해로 그의 마음에는 억울함이 자라납니다. 자신이 모함당했다는 진실을 본능적으로 눈치채기 시작하는 것입니다.

> 내 자신의 업 때문에 나에게 해가 초래되는 것이니
> 그러므로 중생이 지옥에 떨어졌다면
> 내가 그들을 파멸시킨 것이 아닌가. [6:47]

폭력은 나를 때리는 가해자와 피해자인 내 몸 그리고 막대기라는 세 조건이 갖추어질 때 성립됩니다. 그런데 앞서 살펴본 것처럼 막대기로 맞으면 아플 만큼 나약한 몸을 지니게 된 섯은 내 옆 배룬입니다. 그가 분노에 사로잡혀 나에게 폭력을 가하는 것 역시 과거 내 악업으로 인한 이끌림 때문입니다. 이렇게 과실을 따져보는 것은 모든 것을 내 탓으로 여겨야 한다는 것이 아니라, 모든 것을 그의 탓으로만 돌리는 것은 부당하다는 것을 말하기 위해서입니다. 남을 탓하든, 나를 탓하든 모두 억울할 수밖에 없습니다. 분노의 방향이 나에게 향하면 죄책감과 수치심 그리고 우울함 등 부정적인 감정이 강렬해지는데 그것은 분노의 장난에 놀아나는 것일 뿐입니다.

우리의 주적이 오직 분노뿐이라는 것을 기억하면, 죄책감을 내려놓고 자신을 용서하는 데 도움이 될 것입니다. 이미 저질러진 폭력은 남 탓도 내 탓도 아닌 분노 때문입니다.

어제의 피해자가 오늘의 가해자가 될 수 있는 삶입니다. 현대인들은 세상을 전쟁처럼 치열하게 살아가고, 그 안에서 많은 감정과 부딪힙니다. 그러다 보면 어느 순간 분노를 조절하지 못하고 해악을 끼치는 실수를 하게 됩니다. 이렇게 삶을 살아가면 남에게 피해를 받은 빈도수만큼 남에게도 피해를 줄 수 있습니다. 그래서 지금부터라도 자기 자신을 용서하는 배움과 연습은 꼭 필요합니다. 자기 자신의 죄책감을 해결해야 한다는 것은 책임을 회피하는 것과는 분명 다릅니다. 가능하면 죄책감과 분노의 감정이 얼룩진 상태

에서 억지로 책임지기보다는, 자기 자신의 행위에 대한 과보를 안
정된 마음으로 책임지는 것이 수행에 도움이 됩니다.

억울할 수밖에 없는 세상

내게 화를 내는 그들에 대해 인내함으로써
나는 도리어 악업을 정화할 수 있지만
분노를 일으킨 그들은
지옥에 가서 오랫동안 고통을 받게 된다네.
그러므로 내가 그들에게 가해자이고
그들은 나에게 은혜를 가져다준 것인데
비뚤어진 마음이여,
어찌하여 그대는 그들에게 화를 내는가. [6:48-6:49]

세상의 모든 가해자가 사실 피해자라는 논리는 이미 이해하고 있을 것입니다. 그들은 피해를 삼중으로 받았기에 정말 억울할 수밖에 없습니다. 첫째, 가해자는 분노에 휘둘려 해악을 저지르는 피해를 받았습니다. 둘째, 피해자라고 불리는 존재의 악업에 휘둘려 저지른 사건에 대해 100% 책임이 있다는 모함을 당하고 있습니다. 셋째, 저지른 해악의 과보에 휘둘려 이미 삶 속에서 다양한 손해를 입었고, 이를 해결하지 못해 계속 휘둘린다면 죽음 이후에도 지옥과 같은 고통을 겪어야 합니다. 이는 남의 이야기가 아니라 나와 가족 그리고 세상 모든 이들이 직면하게 될 억울함입니다.

평범한 사람들이 다양한 부딪힘 속에서 얽힌 감정을 풀어내지 못하는 또 다른 이유는 바로 이 억울함 때문입니다. 표면상의 피해자와 가해자는 실상 모두가 피해자일 뿐이기에 모두 다 억울한 게 당연합니다. 하지만 계속 억울함을 붙잡을 수는 없으니 어떻게든 이 감정의 허물을 씻어내야 행복에 한 발짝 더 다가갈 수 있습니다.

삶을 행복하게 만드는 자질을 공덕이라고 합니다. 가장 위대한 공덕을 만드는 행위는 너와 나, 그리고 세상을 용서하는 것입니다. 이 과정에서 분노가 풀린다면 당연히 인생이 풀릴 것이고, 분노가 줄어들어 결국 사라지면 깨달음을 얻은 아나함의 성자가 될 것입니다. 그렇기 때문에 분노를 다스리는 인욕바라밀은 재가와 출가를 막론한 최고의 수행이라고 할 수 있습니다.

열반으로 나아가고자 노력하는 수행자들은 반드시 용서를 배우고 익혀야 합니다. 공덕을 닦아 수행을 완성하고자 하는 관점에서 바라보면 해악을 끼친 그 가해자들은 사실 영적인 각성의 기회를 제공한 것입니다. 만약 폭력이 가해진 그 순간 분노가 일어나지 않게 인내할 수 있다면, 이 공덕은 얼마나 위대할까요? 비록 분노가 일어났다 하더라도 해악으로까지 이어지지 않도록 인욕했다면 얼마나 공덕이 거대할까요? 심지어 그 해악에 대한 분노를 완전히 용서해낸다면 그 공덕이 상상되시나요? 만약 그 순간 분노를 다루는 것에 숙달되어 있다면 폭력이라는 역경을 원동력으로 눈부신 의식의 성장을 이룰 것입니다.

역경에서 우리를 괴롭히는 그들은 모두 가해자 코스프레cospre를 한 보살입니다. 불교에서는 사미로운 모습으로 우리에게 친절을 베푸는 보살과 구분하여 세상의 모든 가해자를 '역경보살'이라고 부릅니다. 그들이 비록 겉보기에는 우리를 때리고, 욕하고, 화나게 하는 것 같지만 사실은 우리의 스승조차도 제공하지 못하는 인욕의 기회를 제공하고 있습니다. 그들은 이 기회를 제공하기 위해 해악을 저지르며 자신을 지옥과도 같은 고통으로 몰아넣는 큰 희생을 한 것입니다.

우리의 스승이 자기 자신을 희생하면서까지 만든 위대한 기회에 인내하지 못해서 분노에 놀아나고, 참회하지 않으며, 용서하지 못한다면 얼마나 어리석고 못난 모습입니까? 이것은 오히려 역경보살에 대한 큰 기만입니다. 역경의 상황에서 가해자인 그들을 스승으로 만들지, 원수로 만들지는 오직 용서의 힘에 달려 있습니다. 역경을 받아들여 멋진 경험의 요리를 만들어내는 실력만 있다면 우리는 세상의 모든 존재를 존경하며 사랑할 수 있고 그들을 스승으로 섬길 수 있습니다. 하지만 번뇌에 놀아나는 실력 없는 요리사라면 세상의 모든 존재가 잠재적 가해자로서 두려움의 대상이 될 뿐입니다.

언제까지 남 탓만을 하고 살아야 하나요? 언제까지 세상을 두려움으로 물들여야 하나요? 이 악순환이 끝나기는 할까요? 가만히 있어서는 해결되는 것이 단 하나도 없습니다. 당신들이 바뀌어야 한다고 아무리 소리를 질러도 소용없습니다. 바뀔 수 있는 것은 오직 내 경험뿐이니 용서를 배우고, 연습하고, 수행하면서 발버둥을 치고 또 칠 때 우리는 나와 남, 그리고 세상을 조금씩 용서할 수 있습니다. 그렇게 해서 두려움의 장막이 벗겨지면 세상의 모든 존재가 이미 열반에서 살아가고 있다는 진실을 발견할 것입니다.

> 만약 우리에게 인내심이 있으면
> 우리는 자신의 고통을 면할 수 있다네.
> 그러나 우리는 우리 자신을 구제하지만
> 우리의 적들은 어떻게 되는가.
> 우리가 그들이 끼친 해를 해로 갚는다면
> 그들은 결코 구제받지 못할 것이며
> 우리의 모든 선행도 손상되고
> 인욕 수행도 허물어지리라. [6:50-6:51]

모든 존재는 접촉하는 순간 인연의 끈으로 결박됩니다. 인연의 끈은 검은색과 흰색이 있는데 검은색 끈은 원한의 묶음을 만들어내는 끈입니다. 원결이 많으면 삶을 살아가는 동안 인간관계에서 자주 고통을 겪습니다. 그렇기에 인복을 키우기 위해서는 반드시 원결을 해결하는 방법을 익혀야 하는데, 이 결박을 풀어내는 시작은 내가 잡고 있는 원한의 한쪽 끝을 먼저 놓아버리는 것입니다. 그래야만 엉킨 실타래가 풀릴 가능성이 열립니다.

분노에 대해 사유해보면, 나와 원수의 정립을 고통으로 물든인 것은 분노에 속은 나의 어리석음 때문입니다. 만약 진실을 알지 못한 채 끝까지 자신을 피해자라고 우기면 그와의 원결을 더욱 꽉 붙잡는 것입니다. 그 끈을 계속 붙잡으면 원한의 실타래가 과연 풀릴 수 있을까요?

우리가 분노의 진실을 알고 원한의 묶음에 대해 용서를 선택한다면, 자동으로 그 가해자라는 이름의 스승 역시 원한의 묶음으로부터 자유로워지게 됩니다. 이것이 나에게 인욕의 공덕을 주기 위해 자신을 희생한 역경보살을 구원하는 방법입니다. 이렇게 용서의 힘이 커지면 삶을 통해 만나게 될 미래의 모든 역경보살을 분노의 감옥에서 구원할 수 있을 것입니다. 인욕의 기회를 준 스승을 모함해야 할까요, 아니면 은혜를 갚아야 할까요? 행복을 위해 노력하는 수행자인 당신은 어떤 선택을 하실 건가요?

마음은 상처 입지 않는다

물질은 공간을 점유하는 특징이 있습니다. 공간을 점유한다는 것은 질량을 지니고 있다는 것으로, 물질과 물질을 같은 공간에 겹치려고 할 때 서로 부딪히고 이 충돌로 인해 양쪽 물질이 모두 상처를 입게 됩니다. 이것이 바로 외부로부터 상처를 입는 원리입니다. 하지만 마음은 물질이 아니기에 공간을 점유하지 않습니다. 그러므로 마음은 외부의 어떤 대상과도 부딪힐 수 없습니다. 충돌 자체가 불가능한 마음을 외부로부터 상처 입힐 수 있는 수단은 없습니다. 사람들이 흔히 '마음이 상처를 받았다!'라고 말하는 것은 물질의 법칙과 비물질의 법칙을 구분하지 못해서 생겨난 착각일 뿐입니다.

'마음이 상처를 받았다.'라고 착각하는 상황을 살펴보면 항상 집착이 함께한다는 점을 발견하게 됩니다. 비물질은 다른 비물질과 접촉할 때 중첩되고 그 결과 변화가 일어납니다. 그래서 '상처를 받았다'는 표현보다는 '영향을 받아 변화한다'는 표현이 적절합니다. 그렇다면 사람들은 왜 이 변화를 상처라고 느끼는 것일까요?

사람들은 집착하는 대상이 마음대로 되기를 바랍니다. 하지만 세상은 항상 희망대로 되는 것이 아닙니다. 오히려 희망과는 반대로 변하는 경우가 더욱 많습니다. 이런 경우 사람들은 '마음이 상처를 받았다'라고 표현하는데, 그 실상은 집착하는 것과 다른 상황이 펼쳐졌을 때 사용되는 말입니다. 예를 들년 나를 존경해 구기를 희망하는 대상이 나에게 무시하는 말을 했을 때, 우리는 '그 말에 상처받았다'라고 표현하는 것입니다.

마음은 물질이 아니기 때문에
아무도 그것을 해칠 수 없다네.
그러나 마음은 몸에 집착하기 때문에
몸이 고통을 받으면 마음도 고통을 받는다네. [6:52]

비물질인 마음과 물질인 몸은 서로 뚜렷한 연결성이 있지만, 다른 성격을 지니고 있습니다. 이 중 행복을 경험하는 데 더 중요한 것은 바로 마음입니다. 행불행에 대한 판단은 몸이 아닌 마음이 하는 것이기 때문에, 몸에 아무리 좋은 것을 먹여도 마음이 불행하면 행복을 경험하지 못하게 됩니다. 누군가 막대기로 나를 때렸다면 몸에 상처가 날 수는 있습니다. 하지만 그 막대기는 마음을 때리지 못합니다.

마음에 상처를 입힐 수 있는 외부 존재는 없습니다. 그러니 마음은 상처 입은 적이 단 한 번도 없습니다.

몸의 상처가 곧 마음의 상처는 아닙니다. 마음은 피해 입은 것이 전혀 없는데, 왜 자기가 몸을 때린 가해자를 원망하고 분노하나요? 심지어 당사자인 몸은 원망하고 분노하지 않으며 가만히 있는데, 아무 상관 없는 마음이 분노하고 원망합니다. 이 뒤집힌 상황은 정말 황당할 뿐입니다.

마음은 도대체 왜 남의 일인 몸의 상처에 분개하는 것일까요? 그것은 집착이라는 키워드로 이 상황을 살펴봐야 합니다. 마음이 화를 내는 이유는 몸을 나라고 집착하고 있기 때문입니다. 마음은 몸을 나라고 착각하며, 몸이 편안하기를 희망하는데 이는 매우 뿌리 깊은 생존본능입니다. 상처를 받은 것은 몸이니 화를 낼 수 있는 사격이 조금이라도 있는 건 오직 몸뿐이고, 마음에는 자격이 없습니다. 육체의 통증 때문에 화가 난다면 마음에게 이렇게 말해주서야 합니다. "마음아! 왜 남의 일에 그렇게 화를 내는가?"

마음을 다치게 하는 불만족

분노가 일어나는 세 가지 요소는 불만과 불안 그리고 우치입니다. 이 중 '마음이 상처를 받는다'라는 것은 불만과 직접적인 연관이 있습니다. 사람들은 마음이 희망하는 대로 상황이 변화하지 않을 때 대개 불만족을 느낍니다.

경멸과 욕설과 불쾌한 말은
우리의 몸에 해를 끼치지 않는데
어찌하여 마음이여, 그대는 그렇게 화를 내는가.
남들이 나를 경멸하더라도
그것으로 나는 금생에서나 내생에서 해를 입지 않는데
어찌하여 나는 그토록 싫어하는가. [6:53-6:54]

만약 누군가의 경멸의 눈빛과 불쾌한 말로 인해 '마음이 상처받았다'라고 생각하면 이것 역시 착각입니다. 앞서 살펴본 것처럼 마음은 그 어떤 외부적 존재로도 상처받을 수 없습니다. 오직 자신의 집착대로 되지 않아 불만족스러울 때 '상처받았다'라고 느낄 뿐입니다. 물론 그 '상처가 실재한다'라고 굳게 믿는 착각의 시간이 오래되면 뇌에 오류를 일으키기도 합니다. 불의의 사고로 손발이 절단된 환자들이 없어진 손발을 생생하게 느끼는 '환상지幻像肢'처럼,

우리의 뇌는 익숙해진 환상을 실제처럼 느끼도록 만듭니다. 하지만 이는 결국 정신적인 병일 뿐 환상에 불과합니다.

누군가가 나에게 욕을 하면 그 욕 때문에 몸에 상처가 생길까요, 아니면 마음에 상처가 생길까요? 화병을 예로 들면, 감정에서 비롯된 호르몬의 찌꺼기가 실제로 몸에 상처를 입힌다고 할 수도 있습니다. 그런데 그것이 과연 욕설 때문인가요, 아니면 욕설을 듣고 불만을 품은 것 때문인가요? 만약 욕설이 신체에 상처를 입히는 원인이라면 욕설을 한참 많이 사용하는 한국의 중학생들은 몸이 상처투성이여야 합니다. 하지만 그들은 습관처럼 사용하는 욕설에 불만이 없기에 쉽게 상처받지 않습니다. 오히려 친구끼리 친근감을 표현하는 용도로 욕을 활용하기도 합니다. 오랜만에 동창끼리 만나 철부지처럼 행동하는 그 상황에서 상처와 분노가 치밀어 오르던가요? 오히려 더욱더 반가워지며 기분이 좋아지는 경우도 있지 않나요? 마음이 여유롭고 힘이 강할 때는 피하고 싶은 욕설을 듣고도 아무렇지도 않을 수 있습니다.

예수님의 표현처럼 왼뺨을 맞으면 오른뺨을 가져다 댈 수도 있습니다. 이것은 마음이 얼마나 강하고 유연한가에 달린 것입니다. 힘이 있는 마음은 쉽게 불안해지지 않기에 불만에 잘 휘둘리지 않습니다.

마음이 종기와 같아 예민하고 약아나는 깃은 집착하는 관념이 많다는 반증입니다. 그 집착에 비례해서 불만의 강도가 달라지기 마련인데 기대하는 바가 없는 이웃집 아저씨에게는 화가 나지 않지만, 집착의 대상인 아버지에게는 작은 불만에도 상처받았다고 느끼기 쉽습니다. 이것이 바로 중생의 삶과 집착의 상관관계입니다. 마음에 생기는 생채기는 자신의 집착에 의해 생겨나기에 실체가 존재하지 않는 허구입니다. 그래서 이 상처는 오직 나만이 치유할 수 있습니다. 자신을 진정으로 용서할 때 그 허물은 말끔히 사라집니다. 몸과 마음을 포함해서 우리가 살아가는 세상은 모두 실체가 없기에 치유의 변화가 가능한 것입니다. 이는 허물을 많이 짊어진 중생들에게 큰 희망입니다.

남들이 아무리 나를 경멸하더라도 그 경멸이라는 무기는 이생에서나 다음 생에서나 나에게 해를 입히지 못합니다. 그렇기에 우리가 마음의 상처라고 주장하는 것들은 사실 모두 자해일 뿐입니다. 번뇌에 휩싸인 중생은 자주 마음에 상처를 입으면서 살 텐데 얼마나 불쌍합니까? 이 마음의 자해를 해결하지 못하면 점점 심각해져서 결국 스스로 몸을 자해하기도 하고, 더 나아가 타인의 몸에 해악을 끼치기도 합니다. 나와 남을 해치는 것, 이것이 바로 번뇌에 휩싸인 중생의 본성입니다.

열반으로 나아가고자 노력하는 이들은 중생을 불쌍히 여기는 마음을 반드시 지녀야 합니다. 이러한 자비심이 없을 때 우리는 오히려 중생을 경멸하고 원망하며, 그들에게 분노를 내뿜는 실수를 범해 함께 지옥으로 나아갑니다. 이 고통의 흐름을 끊기 위해서는 세상을 용서하는 자비심이 필수입니다. 선악과를 뱉어버리고 진정한 용서를 쉽게 만드는 촉매는 바로 대자비심입니다.

용서의 힘을 키우기 위한 특효약

이제 용서를 위한 최고의 마음인 '보리심'을 설명하겠습니다. 이 책의 뼈대를 이루는 논의 「인욕품」에 해당하진 않지만, 논의 저자인 샨티데바 스님은 보리심을 지니는 것이 인욕의 힘을 키우는 데 도움이 된다고 말씀하셨습니다. 지금부터 논의 앞부분에 해당하는 보리심을 찬탄하는 몇 가지 게송을 뽑아 소개하도록 하겠습니다.

> 모든 중생의 한량없는 고통을 없애주고
> 그들을 모두 최고의 행복으로 인도하기를 원한다면
> 그 한량없는 공덕을 어떻게 말로 다 표현할 수 있겠나이까. [1:22]

선악과를 뱉어내기 위해서는 무아의 치료제를 복용해야 합니다. 이 치료제를 복용하는 방법은 정말 다양한데, 논에서는 보리심에 의지하여 수행하기를 강력히 권하고 있습니다. 보리심은 무량한 중생을 모두 돕겠다는 광대심廣大心과 최고의 행복인 열반의 여정까지도 책임지겠다는 제일심第一心으로 표현되는데, 이것은 곧 일체중생을 열반으로 이끌겠다는 다짐입니다.

일체중생은 용서의 힘을 온전히 갖추지 못하는 한 분노의 잠재적 가해자들입니다. 또한, 원망의 대상이고, 복수해야 하는 적으로 언제든지 얼굴을 바꿀 수 있습니다. 중생들은 이 번뇌의 기만에 넘어가고 있습니다. 하지만 보리심에 의지해 수행하면 중생에 대한 관점이 180도 바뀝니다. 보리심이 커질수록 중생은 잠재적 분노의 대상이 아닌 내가 사랑해야 할 가족으로 승화됩니다. 지금까지 우리는 무한에 가까운 시간 동안 번뇌의 계략에 속아 고통을 겪었습니다. 이제는 보리심이라는 특단의 조치로 번뇌에 넘어가지 않게 해야 합니다.

> 캄캄하게 어두운 밤이라도 천둥이 치면
> 번개 빛이 잠시 대지를 밝히는 것처럼
> 부처님의 위신력으로 중생들의 마음속에
> 선한 생각이 잠시 일어나나이다.
> 이처럼 선의 힘은 언제나 미약하고
> 죄악의 힘은 강대하고 무서우니
> 수승하고 원만한 보리심이 아니고서는
> 어떠한 선으로도 그 악을 극복하기 어렵나이다. [1:5-1:6]

번뇌로부터 자유로워지려고 노력하는 것은 과연 이번이 처음일까요? 우리는 이미 선해지기 위해, 분노를 극복하기 위해, 번뇌로부터 자유로워지기 위해 수없이 노력해왔습니다. 다만 번뇌의 전략에 휘말려 일보전진과 백보후퇴를 반복했을 뿐입니다. 지금 이 순간 번뇌는 강한 세력을 형성하고 있지만 이에 대항하는 용서의 힘은 미약합니다. 이 지긋지긋한 번뇌와의 전쟁을 끝내기 위한 유일한 길은 오직 수승하고 원만한 보리심에 의지하는 것뿐입니다.

보리심을 완성하는 방법을 배울 수 있는 논을 만났을 때 우리는 이 기적 같은 기회를 살려내야 합니다. 그것이 너와 나, 그리고 사랑하는 이들과 세상을 살릴 수 있는 유일한 길입니다.

오랜 세월 동안 깊이 사유하신 부처님들께서
보리심의 이익이 가장 광대함을 발견하셨으니
중생이 보리심에 의지해서 불법을 수행한다면
가장 수승하고 미묘한 지복을 반드시 얻게 되나이다. [1:7]

우리는 이미 열반에 도착해 있습니다. 하지만 그 진실을 인지하기 위해서는 하늘을 가리고 있는 구름을 치워야만 합니다. 이 열린 마음에 이미 도착해서 구경각을 이룬 선배들을 우리는 '부처님'이라고 부릅니다. 그들은 이미 번뇌와의 전쟁에서 완승을 이루었기에 우리에게 매우 훌륭한 보살의 족보를 선물할 수 있는 것입니다.

여러 부처님께서는 다양한 경로를 통해 열반을 성취하셨습니다. 그 만 가지 깨침의 길들을 꿰뚫는 공통점 하나가 있는데, 그것은 바로 '보리심'이라는 마음입니다. 그렇기에 모든 부처님께서는 중생을 위한 대자비심으로 보리심 완성의 길을 선물하셨습니다. 이 선물을 잘 받아 지니고, 잘 배워서, 훌륭하게 실천해서 쓴다면 아마도 이 번뇌와의 전쟁에서의 승률은 기하급수적으로 높아지지 않을까 요?

> 과거의 모든 부처님께서 보리심을 일으키시고
> 보살의 모든 수행단계를 순서대로 잘 배우신 것처럼
> 저도 그와 같이 모든 중생을 위해 보리심을 일으키고
> 보살 수행의 모든 단계를 순서대로 잘 배워
> 완수하겠나이다. [3:23-3:24]

세상의 모든 존재를 사랑하고자 하는 이들, 그들을 더는 모함하고 싶지 않은 이들, 일체중생 모두 다 함께 완전한 자유를 누리고자 하는 이들에게 번뇌와의 전쟁은 피할 수 없는 일입니다. 그러니 이 용서의 힘을 키우는 특효약인 보리심을 배우기 위해서는 앞에서 제시한 논의 마음으로 항상 다짐해야 합니다.

전생의 어머니

보리심은 사실 중생심과 완전히 반대되는 특징을 지니고 있습니다. 보리심이 완전히 열린 허공과도 같은 마음이라면 중생심은 반대로 그 크기가 종지만큼 작고 닫힌 마음입니다. 무한한 자유를 누리던 열반의 세계에서 쫓겨나 고통이 가득한 사바세계에서 좁게 살아가는 이유는 바로 이 닫힌 마음 때문입니다. 작고 닫힌 중생의 마음에서는 세상 모두가 잠재적인 위협이고, 두려움입니다. 하지만 허공처럼 무한한 보리심의 마음에서는 갖가지 성향을 지닌 모든 중생을 전부 담아낼 수 있습니다. 이런 열린 마음으로 바라볼 때 알게 되는 진실들이 있는데 지금 이 순간 필요한 한 가지를 알려드리겠습니다.

이 진실은 우리가 가해자라고 착각하고 있는 중생의 정체에 관한 것입니다. 티베트 불교의 전통에서는 보리심을 증장시키기 위한 〈6가지 보리심 명상〉이라는 수행법이 있습니다. 이 수행법을 통해 중생의 진정한 정체를 함께 알아보겠습니다.

첫째, 나는 무한한 윤회를 반복했다.

둘째, 무한한 윤회의 삶 속에서 나에게는 무한한 어머니가 존재했다.

셋째, 어머니는 내게 큰 은혜를 베풀었다.

넷째, 나는 그 은혜를 은혜로써 갚겠다.

다섯째, 은혜를 갚는 최상의 방법은 어머니를 열반으로

이끄는 것이다.

여섯째, 장님이 장님을 이끌 수 없으니 내가 열반을 먼저 배워

은혜를 갚을 것이다.

이 꼬리에 꼬리를 무는 논리의 단계 중에서 주목해야 하는 것은 바로 두 번째 생각입니다. 도대체 '나에게 무한한 어머니가 존재했다'라는 것은 어떤 의미일까요? 이것은 충격적인 결론으로 연결됩니다.

우리가 만났던 모든 이, 만나는 모든 이, 만나게 될 모든 존재, 만나지 못한 존재까지! '무한한 모든 중생이 바로 나의 무한한 전생의 어머니'라는 의미입니다.

윤회의 감옥에 갇혀 생을 반복하는 중생들은 새로운 삶을 받을 때 육근이라는 감각기관이 교체됩니다. 그리고 그 과정에서 대개 전생에 대한 기억이 망각된다고 합니다. 그래서 우리는 바로 앞의 전생조차 기억하지 못하지만, 사실 오늘 만났던 직장 동료를 비롯한 모든 중생은 어느 생에서는 나와 애틋한 사랑을 나눴던 애인이었고, 원수 같은 형제였으며, 헌신적인 사랑을 베풀었던 어머니였

습니다.

이 진실은 어쩌면 누군가에는 외면하고 싶은 끔찍함일 수도 있습니다. 원한을 품고 복수를 다짐한 채 해악을 끼치는 원수들이 언젠가 나에게 은혜를 베풀었던 전생의 어머니였다면, 이 끔찍한 패륜의 비극이야말로 피눈물을 흘릴만한 잔인한 진실이기 때문입니다.

우리는 정말 조심해야 합니다. 기억하지 못한다고 해서 그 경험이 사라지는 것은 아닙니다. 물론 윤회의 감옥에 갇혀 무한한 삶을 사는 동안 중생과 더불어 어떤 삶에서는 은혜로운 관계로, 또 어떤 삶에서는 원한의 관계로 교차하며 복잡하게 얽혀 있는 것이 중생 삶의 다면성입니다. 비록 은원이 함께 하는 관계지만 가족이라면, 손해나 피해를 보았다고 곧바로 복수하겠다는 다짐을 하지는 않을 것입니다. 우리는 만나는 이들이 전생의 어머니였다는 진실을 기억하기만 해도 해악을 억제하는 데 큰 도움이 됩니다.

돈 vs 가족, 무엇이 더 소중한가?

아이들에게 선택하기 쉽지 않은 질문이 하나 있습니다.

"엄마가 좋아, 아빠가 좋아?"

자본주의 시대를 살아가는 현대인들에게도 똑같이 쉽지 않은 질문 하나를 할 수 있습니다.

"돈이 소중해, 가족이 소중해?"

이 질문을 자문하는 것은 자신의 가치관을 점검해 보는 데 도움이 됩니다. 당연히 가족이 더 소중해야 정상이지만, 탐욕이라는 번뇌에 사로잡힌 상태에서는 돈이 더 소중하게 느껴질지도 모릅니다. 불교에서는 탐욕으로 뒤덮인 마음 상태를 '아귀'라고 표현합니다.

재물을 얻는 데 방해가 되기 때문에 인욕이 싫다 해도

죽을 때 모든 재산은 남겨두고

지은 악업은 우리와 동행할 텐데 어찌하겠는가.

악업을 지으면서 오랫동안 사는 것보다

오늘 죽는 것이 더 나을지 모르나니

오래 산다 하더라도

같은 죽음의 고통이 기다리고 있기 때문이네. [6:55-6:56]

번뇌의 악취미에 놀아나 목숨처럼 사랑하던 가족의 정체를 망각한 채 원수라고 여기며 복수의 해악을 끼치는 실수를 다는 반복할 수 없습니다. 우리가 만나는 모든 중생은 가까운 전생에서 나의 어머니였고, 애인이었으며, 친구였습니다. 분명히 우리는 그들과 약속했을 것입니다. 이 좋은 관계를 잊지 말고, 변치 말자고 말입니다.

산보다 더 큰 은혜를 베풀었던 그들이 티끌처럼 작은 실수 하나를 저질렀다고 배신하고 원망하며, 복수하겠다고 설치는 것은 잔인한 일입니다. 심지어 내가 겪은 고통의 원인은 그에게 거의 없습니다. 그도 그저 불쌍한 피해자일 뿐입니다. 우리는 연민의 대상이자, 은혜를 갚아야 하는 전생의 어머니들에게 악한 마음을 거둬야 합니다.

만약 경제적으로 작은 손해라도 보게 될까 봐 용서하는 것에 거부감이 든다면, 이는 정말 아귀 같은 부끄러운 마음입니다. 샨티데바 스님은 이렇게 번뇌에 사로잡혀 그 노예로 악행을 저지르면서 산다면 그 삶은 오히려 빨리 끝나는 것이 더 나은 일일 수도 있다고 말씀하셨습니다. 하지만 보리심을 완성하고자 용서를 배우는 우리는 인간 삶의 소중한 기회가 다시 찾아오기 어렵다는 것을 알기에 쉽게 포기할 수 없습니다. 그러므로 필수적으로 아귀의 마음을 다스리는 노력을 해야 합니다.

이를 위한 간단한 수행법 하나를 알려드리겠습니다. 이제부터는 만나는 모든 중생의 한쪽 가슴에 '전생의 은혜로운 어머니'라는 이름표를 붙여보세요. 이 작은 노력이 그들의 진정한 정체를 기억하는 데 도움이 될 것입니다.

> 너무나 얻기 어려운 가만暇滿의 이 몸을 얻었으니
> 고귀한 인생을 의미 있게 할 수 있는데도
> 이것을 이용하여 인간의 몸 받은 이익을 이루지 못한다면
> 어떻게 다시 이런 기회를 얻을 수 있으리이까. [1:4]

나를 포함한 모든 어머니인 중생들에게 은혜를 갚으려면 고귀한 인간의 삶이라는 이 완벽한 기회를 놓치지 마세요. 그들을 가해자라고 몰아붙이며 번뇌의 지옥으로 끌어내리는 것은 이젠 그만두어야 합니다. 나도, 어머니 중생도 그저 불쌍한 번뇌의 피해자입니다. 어머니 중생에 대한 큰 연민의 마음을 배우고 익혀서 부처님의 열린 마음이 되기 위해 꼭 세상을 용서하시길 바랍니다.

꿈 깨!

　서양의 기독교 신비주의자들의 수행문화는 생각보다 그 역사가 깊습니다. 중세 교회의 권력자들은 종교지도자나 교리체계를 바탕으로 자신들의 권력을 지키고 세력을 유지했습니다. 반면 신비주의자들은 진리 외의 다양한 교리, 규칙 등의 형식은 중요하게 여기지 않았고, 신과 하나 되는 사상을 중시하여 성서의 권위를 침해하는 말도 서슴지 않았습니다.

　신비주의자들의 이런 분위기가 사회에 일반화되면 교회 권력자들은 권력을 지키기 어려워질 수 있었기 때문에 신비주의자들을 눈엣가시처럼 여겼습니다. 이렇게 위협적으로 다가온 신비주의자들은 결코 역사의 표면상에 드러나지 못했는데, 그것은 교회 권력자들에 의해 분노의 희생양이 되었기 때문입니다. 그 시대 마녀사냥이라는 환상은 범부들의 눈을 번뇌로 가리기에 정말 좋은 도구였습니다. 이에 속아 넘어간 사람들은 어제까지 웃으며 함께 행복을 누리던 사람들을 한순간에 마녀라고 몰아붙이며 그들을 화형에 처했습니다.

　이처럼 오랜 세월 동안 진리를 추구하던 철학자들과 신비주의자들의 눈과 귀를 강제로 막았던 중세의 암흑시대가 지난 지금에서야 그들의 가르침은 하나의 조류를 형성하기 시작했습니다. 『기적수업』이라는 텍스트를 바탕으로 수행하는 이들이 그 조류 중의 하나입니다. 『기적 수업』의 목적은 간단합니다. 하나님의 온전한 종, 성령의 순수한 통로가 되기 위해 자아를 죽이는 것 즉, 무아를 깨치는 것입니다. 이에 대해서는 다양한 응용 방법과 해석서들이 있는데, 그중 하나인 단행본의 제목은 『우주가 사라지다』입니다. 『기적 수업』은 철저히 무아의 지혜 즉, 반야에 의지하여 모든 것을 용서하도록 합니다. 심지어 '자아'라는 관념과 '이 세상'이라는 관념조차 용서해내면, 그 순간 실제라고 믿던 꿈과 같은 우주가 사라진다는 것을 말하고 있습니다.

부처님께서는 분명 "이 세상은 꿈과 같다."라고 말씀하셨습니다. '부처'라는 단어의 의미는 '깨달은 자'이기도 하지만 '깨어난 자'이기도 합니다. 그렇다면 무엇에서 깨어났을까요? 그것은 자신이 만든 '온갖 망상들의 꿈에서 깨어난 것'을 말합니다. 범부의 일상은 생각에서 시작해 생각으로 끝납니다. 하루 중 대부분의 시간을 과거와 미래의 생각에 빠져서 지냅니다. 그래서 지금 이 순간을 온전히 살아가지 못하는 것입니다. 범부가 생각에 사로잡혀 얼빠져 있을 때는 반쯤 잠들어 있는 상태와 유사합니다. 눈앞에서 흘러가는 중요한 경험을 알아채지 못한 채, 사랑하는 사람과의 대화도 흘러들으며 그렇게 망상에 빠져 멍하니 살아갑니다.

장자의 『장자莊子』에 등장하는 호접몽胡蝶夢의 일화는 장자가 세상을 바라보는 눈을 엿볼 수 있도록 합니다. 그는 정말 꿈과 현실 중 무엇이 꿈인지 구분할 수 없었습니다. 왜일까요? 사실은 둘 다 꿈이기 때문에 구분할 필요가 없었던 것입니다. 오히려 감각기관의 한계에 갇혀 있는 현실보다 꿈속에서의 자유로움이 자기 생각과 감정 그리고 본능에 더욱 솔직하므로 어쩌면 꿈이 더 현실감 넘치는 것 같습니다.

꿈속에서 백 년 동안 행복을 누려도
깨고 나니 바뀐 것이 무엇이며
꿈속에서 한순간 행복을 누렸지만
깨고 나니 바뀐 것이 무엇이던가.
깨고 나면 이들 둘의 행복은 끝이 나고
다시 돌아오지 않듯이
장수하든 단명하든 두 가지 다 죽을 때에는
이와 같이 모든 것을 잃게 된다네. [6:57-6:58]

'꿈에서 깬다.'라는 것은 여러 중의적 의미가 있습니다. 범부는 매일 아침, 잠에서 깨어나는 것을 '꿈에서 깬다.'라고 표현합니다. 하지만 깨닫지 못하는 한 활발히 움직이는 대낮이라고 해도 망상의 꿈에서 여전히 깨지 못한 것입니다. 범부와 달리 성인에게 있어 '꿈에서 깬다.'라는 의미는 윤회의 꿈에서 해탈하는 것을 말합니다.

다른 관점으로는 이 삶이 끝나는 죽음의 순간, 마치 전 생애가 꿈인 듯 느껴지기에 이를 '꿈에서 깬다.'라고 표현할 수도 있습니다.

삶의 마지막 임종의 순간과 죽음 이후의 여정을 겪는 동안 대부분의 중생은 삶에 대한 후회가 가득하다고 합니다. 지나고 보니 꿈과 같은 세상일 뿐인데, 이를 실제로 여겨 아귀처럼 살았다는 것이 정말 후회스러운 것입니다. 인간 삶의 소중한 기회를 보내는 동안 가치 있는 일은 조금도 하지 못했고, 의식의 발전도 이루지 못한 자신의 삶을 돌아보면 억장이 무너지는 것은 당연합니다.

범부는 '있는 그대로의 진리를 꿰뚫어 아는 지혜'를 얻어 망상의 꿈으로부터 깨어납니다. 해탈한 후에는 지금까지 살았던 모든 윤회의 생이 한순간의 꿈처럼 느껴질 텐데, 그중에 과연 너무나 소중해서 집착할만한 그 무엇인가가 있을까요? 살아가는 동안 소중한 것들? 꿈은 깨고 나면 그만입니다!

많은 재산을 모아 오랫동안 즐거움을 누려도
죽을 때는 도둑들에게 모두 빼앗긴 것처럼
우리는 빈손에 맨몸으로 떠나야 한다네. [6:59]

해인사의 경내에는 이런 문구가 적혀 있습니다. '백 년 동안 탐했던 재물은 한순간 사라지는 티끌과 같고, 삼 일간 닦은 마음은 천년의 보배가 된다.' 이는 불자들에게 한 생을 꿈에 비유하면서 삶의 방향성을 제시하고 있는 문장입니다. 어차피 이생의 꿈이 끝나는 순간 애지중지했던 모든 것들은 아무런 의미가 없어집니다. 오직 삶을 가치 있게 바꾸기 위해 노력했던 공덕만이 죽음 이후의 여정을 돕는 재산으로 작용할 뿐입니다.

어차피 윤회에서 벗어나지 못하는 한 중생의 삶은 끝없는 체크인과 체크아웃의 반복입니다. 새로운 생마다 옮겨가는 몸은 숙소와 같으니, 결국은 체크아웃하고 옮겨가야 할 남의 것이라는 뜻입니다. 그런데 이 사실을 망각한 채 범부들은 남의 숙소를 꾸미고, 그 안에 갖가지 물건들을 수집하며 그곳에서 만난 인연에 집착합니다. 나라고, 나의 것이라고 착각하며 이것들을 위해서는 온갖 나쁜 짓도 서슴지 않습니다.

이번 생에서 소중하게 여겼던 모든 재물은 다음 생에서는 쓸 수 없는 화폐에 불과합니다. 모든 생에 공통으로 사용할 수 있는 진정한 화폐는 단 하나! 오직 공덕뿐입니다. 그렇기에 하루살이처럼 짧은 인간의 삶을 수행에 활용해야 합니다. 그리고 여러 수행 중 공덕을 많이 벌어주는 것은 용서입니다. 용서를 배우고 수행하는 이들은 이생과 내생, 그리고 윤회가 끝나기 전까지 공덕 부자로 살아갈 수 있는 길이 열린 것입니다.

세상에 정당한 분노는 없습니다. 우선 이것만 이해해도 이성적으로는 용서하지 못할 것이 없어집니다. 여기에 더해 삶의 경험을 꿈으로 바라보면 분노 자체도 줄어들고, 용서의 길로 힘 있게 나아갈 수 있을 것입니다. 옛 선사들은 망상의 윤회에 빠진 제자들에게 항상 이렇게 호통치셨다고 하는데, 우리도 꿈과 같은 삶에 빠져들 때마다 이 두 글자를 마음에 새겨보는 게 어떨까요?

"꿈 깨!"

모든 것은 핑계일 뿐

자본주의 사회를 사는 대부분의 사람들에게 중요한 것은 공덕이 아닌 돈일 것입니다. 그래서 돈이 근본이 되는 자본資本주의가 성립되는 것입니다. 우리는 이미 이 세계관에 물들어 있어서 돈을 위해서라면 사랑도, 명예도, 친구도, 공덕도, 심지어 목숨까지 포기합니다.

삶을 바꾸는 것은 방향의 전환에서 시작됩니다. 삶의 방향은 가치관의 우선순위에 의해 결정되니, 더 행복하고 평화로운 삶을 살아가며 종국에 열반의 행복까지 증득하고 싶다면 가치체계를 바꾸는 것이 필수적입니다.

수행자에게 있어, 이 가치의 변화를 이루지 못하게 만드는 다양한 이유는 타당성의 여부를 떠나 모두 핑계입니다.

그래도 재산 덕분에 살아가면서 악업을 정화하고
공덕을 쌓을 수 있다고 생각할지 모르나
재산을 모으느라 악업을 짓는다면
우리에게 느는 것은 악업이고, 줄어드는 것은 공덕이라네.
악업은 고통의 주된 원인이고

고통은 우리가 버려야 할 중요한 대상인데
악업만을 짓는 삶이 무슨 의미가 있겠는가. [6:60-6:61]

우리가 삶을 변화시키려면 가치체계를 어떻게 변화시켜야 하는
지를 분명하게 배우고 인지한 다음, 그에 걸맞게 세부적인 행동들
을 정렬하는 과정이 필요합니다. 이 과정에서 기존의 관념들이 저
항하는 것은 지극히 당연한 일인데, 이 저항을 극복하지 못하겠다
고 포기하는 것은 핑계일 뿐입니다.

열반으로 나아가고 싶나요? 보리심을 완성하고 싶나요? 분노의
감옥에서 벗어나고 싶나요? 그렇다면 예외 없이 모든 것을 용서할
수 있어야 합니다. 물론 처음부터 그것이 가능하지 않은 것은 당연
합니다. 하지만 용서의 힘이 커지면 커질수록 점점 더 강렬한 분노
의 저항을 극복할 수 있게 되고, 우리는 그렇게 자유로워지는 것입
니다.

열반으로 나아가고자 하는 수행자가 해야 할 일은 명확합니다.
그것은 오직 번뇌와의 전쟁에서 승리하는 것입니다. 다르게 표현
하면 악업을 줄이고, 선업을 늘려서 공덕을 증장시키는 것입니다.
이것을 또 다르게 표현하면 부처님의 열린 마음인 보리심을 완성
하는 것입니다.

재산이 많아지면 보시 공덕을 쉽게 지을 수 있을 것이라 기대하
는 분들이 많습니다. 하지만 넉넉지 않을 때 보시의 공덕을 연습

하지 않은 이들은 재산이 많아진다 해도 대부분 보시를 잘 못 합니다. 그것은 그들이 버는 법은 배웠지만 베푸는 법을 배우지 못했기 때문입니다. 공덕을 짓기 위해 마음대로 쓰지도 못하는 재산이 과연 수행자에게 무슨 의미가 있을까요?

　재산에 대한 손해 때문에 분노를 그치지 못하겠다는 핑계가 올라오면 이 보리심을 기억하세요. 과연 재산을 얻기 위해 공덕을 포기하는 것이 경제적인지를 세심히 따져보세요. 통장의 잔고를 늘리기 위해 번뇌의 감옥에서 고통을 견디는 것이 지혜로운 일인지를 깊이 사유해 보세요. 이 사유는 당신의 가치관을 정렬하는 기준이 될 것입니다.

정의롭지 못하다는 핑계

강의를 하다보면 많은 이들이 '세상에 정당한 분노는 없다.'라는 표현에 분노하고는 합니다. 이는 '정당'과 '정의'를 분간하지 못함으로써 생기는 오류입니다. '정당'의 사전적인 뜻은 '이치에 맞아 올바르고 마땅하다.'입니다. 반면 '정의'의 사전적인 뜻은 '진리에 맞는 올바른 도리'입니다. '정당한 분노는 없다.'라는 뜻은 '진리에 맞는 올바른 도리인 정의가 없다.'라는 뜻이 결코 아닙니다. 어떤 이유로든 분노에 사로잡히는 것은 이치에 맞고 올바른 일이 결코 아니라는 점을 강조하는 것입니다. 또한, 정의로운 일에도 분노하기보다는 개선하려는 노력이 필요합니다. 우리는 정의를 위해 분노하여 수십만 명의 사상자를 발생시킨 십자군 전쟁을 기억해야 합니다. 어떤 이유로든 사람을 죽이는 정의는 부당합니다.

나를 비방하는 사람을 싫어하는 이유가

그가 중생들을 해치기 때문이라면

그가 남들을 비방할 때는 어째서 화를 내지 않는가.

믿을 수 없는 다른 이에 관한 것이라서 그대가 참을 수 있다면

번뇌를 일으키게 하는 원인이 되는 비방에는

왜 참지 못하는가. [6:62-6:63]

비방에 노출될 때 우리는 쉽게 분노합니다. 앞선 다양한 논의를 통해 비방이 몸과 마음에 아무런 상처도 입히지 못한다는 것에 우리는 이미 동의했습니다. 하지만 여전히 비방 받고 싶지 않은 집착 때문에 마음에 상처가 생긴다는 것을 인정하지 못한다면, 순진한 범부들은 분노의 미묘한 계략에 또 속아 넘어 가게 될 것입니다. 관점을 우회하여 분노가 그 정당성을 이렇게 주장할지도 모릅니다. '나를 비방하는 그 악인이 다른 사람들에게도 해를 끼칠 것인데, 그것은 정의롭지 못한 것이다. 정의롭지 못한 것에 대한 분노는 정당한 것 아닌가?'

번뇌에 사로잡혀 눈이 멀어 있을 때는 이 정당하다는 논리가 언뜻 옳아 보일 수도 있습니다. 하지만 조금만 더 생각하면 금방 '이 논리는 틀렸다.'라는 것을 알게 됩니다. 만약 정말로 그 사람이 다른 사람에게 해를 끼치는 것 때문에 분노하는 것이라면, 자신과 상관없는 다른 사람이 해를 입을 때에도 똑같이 분노해야 하지 않을까요? 하지만 대부분의 범부들은 자신이나 친한 이가 손해 보지 않는 이상, 다른 이들의 고통에는 무관심한 편이기에 대개 화를 내지 않습니다.

분노가 일어나는 집착은 크게 두 가지로 구분할 수 있습니다. 첫째는 나 그리고 나의 것에 대한 집착과 부딪힐 때입니다. 둘째는 옳은 일 즉, 진리라고 집착하고 있는 것과 부딪힐 때입니다. 불교적으로는 전자를 '아집我執', 후자를 '법집法執'이라고 하는데 아집도

무섭지만 법집은 정말 무시무시한 해악을 저지르는 원동력이 됩니다.

> 불상과 불탑이나 정법을 비방하거나 파괴하는 이들에게
> 내가 화내는 것은 부당하나니
> 부처님들은 해를 입지 않기 때문이라네. [6:64]

아집은 작은 다툼을 일으킵니다. 하지만 법집이 일으키는 다툼은 그 범위와 수위가 훨씬 크고 깊은 경우가 많습니다. 종교에 대한 집착이 불러오는 전쟁을 생각해 보세요. 정치적 입장에 대한 집착은 세계대전까지도 일으킵니다. 돈에 대한 집착, 명예에 대한 집착, 사랑에 대한 집착은 법집에 의한 전쟁과 비교하면 작은 일일 뿐입니다. 법집에 의한 전쟁이 정말 무서운 이유는 그것이 잘못된 일인지 인지하기가 매우 어렵기 때문입니다.

개인적인 욕심이나 어리석음은 이성을 되찾는 순간 교정할 수 있지만, 이 법집이 무장하고 있는 논리는 이성적인 순간에 조차 속아 넘어가도록 만듭니다. 이런 큰 다툼들이 계속되는 이유는 정당하고 옳은 일이라는 집착 때문입니다.

이긴 자와 패한 자 모두는 스스로가 옳다는 법집을 바탕으로 정

당한 복수까지 다짐합니다. 이 정낭한 분노는 성공적으로 해악을 끼칠 때까지 반복적으로 곱씹게 되는데, 이를 통해 정의라는 환상에 빠진 연약한 중생의 마음을 분노에 중독되도록 만듭니다.

올바른 철학에 따르는 진리는 어떤 이유로든 전쟁을 하지 않습니다. 또한, 조건 없는 사랑을 세상에 베푸는 것을 목적으로 하는 종교 또한 결코 전쟁을 하지 않습니다. 사회를 더욱 안전하고 행복하게 만들기 위해 고안된 정치체계가 전쟁의 원인으로 작용하는 것은 정말 황당한 일입니다. 이 모든 것은 법집에 의해 일어난 분노이고, 중생은 이에 놀아난 것일 뿐입니다. 현 인류를 비롯한 끝없는 윤회 속의 모든 중생은 지금까지 이런 방식으로 분노에 놀아났습니다.

연습문제를 풀어보겠습니다. 만약 누군가 불상에 불을 지르면 어떻게 반응하실 건가요? 어떤 이유로든 분노에 사로잡히는 것은 정당하지 않습니다. 부처님은 그 일로 아무런 피해도 입지 않으셨는데, 왜 우리가 슬퍼하고 화를 냅니까? 물론 그것이 범죄라면 법의 범위 내에서 처벌을 받도록 조치를 취할 수는 있습니다. 하지만 이런 상황 속에서도 우리는 분노를 잘 다스려야 합니다. 옳지 않은 일에 대해 분노하기보다는 교정할 필요가 있습니다.

이익? 정의? 어려움? 고통? 전부 다 핑계입니다. 분노의 감옥에서 벗어나고자 하는 다짐 없이 그저 분노의 노예로 순응하며 살고 싶으신 가요? 행복을 포기한 것이 아니라면 모든 것은 전부 핑계입니다. 이 핑계, 저 핑계를 대면서 도대체 언제까지 분노의 노예로 살 건가요? 번뇌가 시키는 대로 살 수밖에 없어 고통에 빠져 허우적거리는 모든 어머니 중생들을 구제하기 위해 번뇌와의 전쟁을 선포하세요. 그 어떤 핑계도 먹히지 않는 용서로써 이 세상을 구원하는 보살이 되어주세요.

적군과 아군을 교란하는 속임수

우리는 분노에게 다양한 논리로 속아 왔습니다. 훈련이 전혀 되어 있지 않은 순진한 중생은 정말 간단한 논리만으로도 속을 수 있고, 훈련이 잘되어 있는 수행자들조차 고도의 논리에 속아 넘어갈 수 있습니다.

불만과 불안이 남아 있는 한 언제든 분노의 시한폭탄이 터질 수 있다는 것을 기억하고, 분노가 정당하다는 속삭임이 마음에서 들려오는 순간이 가장 위험하다는 것을 인지해야 합니다.

스승이나 친척이나 친구들이 해를 입는 경우에도
그것이 원인들 때문에 일어난 것으로 생각하여
화를 억제해야 한다네.
우리는 유정물과 무정물로부터 다 같이 해를 입는데
어찌하여 유정물에게만 화를 내는가.
그러므로 해를 입더라도 참아야 한다네. [6:65-6:66]

가까운 이들이 해를 입으면 왜 화가 나는 것일까요? 이 분노에 대한 정당성을 뒷받침하는 다양한 근거가 존재하겠지만, 진실은

170

우리가 가까운 이들을 나의 것으로 생각하며 집착하고 있다는 것입니다. 이 집착으로 생겨난 분노는 열기를 뱉어낼 대상을 필요로 해서 전생의 어머니들을 모함하여 그들을 가해자로 몰아세웁니다.

어떤 이는 무지 때문에 잘못을 저지르고
어떤 이는 무지 때문에 화를 내는데
이들 중 누구의 행동에 허물이 없고
누구의 행동에 허물이 있다고 하겠는가.
과거에 우리가 무지하여 남에게 해를 끼쳐
지금 남들이 우리에게 해를 끼치는 것이므로
이것은 모두 우리의 업보인데
어찌하여 우리가 남들에게 화를 내는가. [6:67-6:68]

우리의 몸이 상처 입기 위해서는 여러 가지 조건들이 화합해야만 합니다. 즉, 고통의 원인은 그 다양한 조건들의 공동책임이라는 것입니다. 우선 종이를 풀로 붙여 만든 것 같은 약한 몸이라는 조건이 있어야 합니다. 만약 튼튼한 몸을 지녔다면 나무 막대기로 때려도 아무런 생채기가 없을 것입니다. 우리가 튼튼하고 아름다운 천신의 몸을 지니지 못하고 인간의 몸이라는 나약한 육신을 지닌 이유는 과거 번뇌에 사로잡혀 저지른 악업들 때문입니다.

또, 약한 몸에 상처가 나기 위해서는 가해자가 분노에 빠져 무기를 휘둘러야 합니다. 그가 손해를 감수하고 해악을 저지른 이유는 피해자의 악업에 휘둘렸기 때문입니다. 분노가 만들어낸 다툼은 신화 속 우로보로스Ouroboros처럼 자신의 꼬리를 문 뱀 형상과도 같기에 가해자와 피해자를 구분하는 것은 어렵습니다.

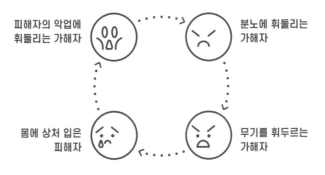

[피해자와 가해자와의 관계]

이 어리석은 중생의 해악은 그저 과거의 내가 저지른 실수와 똑같이 분노에 사로잡혀 저지른 실수일 뿐입니다. 그는 이 어리석은 분노의 놀음으로 인해 고통에 시달릴 것이고, 미래에는 나약한 몸을 얻게 될 것입니다. 이 몸으로 인해 작은 통증도 큰 고통으로 겪으며 누군가에게 화를 내게 될지도 모릅니다. 내가 그랬던 것처럼 말입니다. 이처럼 그도 어리석기에 분노에 속아 해악을 저질렀고, 나도 어리석기에 분노에 사로잡혔던 것입니다. 실상은 너 그리고 나 모두 불쌍한 중생일 뿐입니다.

이제 이것을 깨달았으니 어떤 경우에도

서로에게 의지하며 사랑하는 태도를 기르며

우리는 선행을 쌓도록 노력해야 한다네. [6:69]

우리가 모함하는 그 모든 중생은 전생의 어머니, 애인, 친구입니다. 상상해보세요. 사랑하는 이들이 갑자기 자신을 모함하며 죽일 놈이라고 우기면 정말 억울하지 않을까요? 내가 억울하면 그들도 억울합니다. 그러니 중생에게 고통의 원인을 물으며 화내는 것은 이젠 그만두어야 합니다.

고통의 원인은 오직 번뇌 때문입니다. 이 사실을 명확히 인지하면 나를 고통스럽게 했다고 추정하던 가해자는 원수가 아닌 협력해야 하는 동료로 변합니다. 한 명의 적을 줄이는 것도 기쁜 일인데, 그 적이 동료로 변하다니! 용서는 관계를 바꾸는 마술입니다. 모든 고통으로부터 자유로워지는 열반으로 나아갈 힘을 선물한 그들을 내가 먼저 용서할 수 있다면 서로의 행복에 큰 도움이 될 것입니다. 양쪽 모두 손해만 보는 선택은 이제 멈춰야 합니다.

번뇌에 지배당하고 있는 무한한 중생이 서로 협력하면 공동의 적인 번뇌를 무찌를 수 있습니다. 광대한 모든 중생을 최고의 행복으로 이끌겠다는 보리심이 중요한 이유는 서로서로 아끼는 이 마음과 통할 때 중생과 화해할 수 있는 명분이 생기기 때문입니다. 반드시 구해야 할 어머니 중생들과 협력해야만 번뇌의 속임수에 넘어가는 이 흐름에서 벗어날 수 있습니다.

집착이 생길 때, 화가 날 때, 용서하지 못할 것 같을 때, 게으를 때 항상 첫 번째로 생각해야 하는 것은 유일한 적이자 공동의 적은 오직 번뇌뿐이라는 사실입니다. 그 외에 다른 사람이 원수라고 판단되면 이미 번뇌에 속은 것입니다. 고통에서 벗어나 행복해지기 위한 번뇌와의 전쟁에서 모든 중생은 아군입니다.

분노의 불길을 끄는 사람

나를 때린 그 사람이 내 고통의 유일한 원인이라고 가정해보겠습니다. 그렇다면 그 사람을 원망하고, 분노하며, 복수하는 것이 합리적으로 보일 수 있는데 과연 이것이 고통을 줄이는 데 조금이라도 도움이 될까요? 아니면 분노의 힘을 증폭시켜 나와 주변 사람들을 더 고통스럽게 할까요?

어떤 집에 불이 나서 불길이 다른 집으로 번질 때
지푸라기같이 불을 번지게 하는 것들을
끌어내려서 버려야 한다네.
마찬가지로 마음이 집착 때문에 미움의 불로 탈 때도
공덕의 몸이 탈 염려가 있으니
즉각 그것을 던져버려야 한다네. [6:70-6:71]

집에 불이 났을 때 범인을 찾는 것은 아무 소용없는 시간 낭비일 뿐, 지금 당장 급한 것은 불을 끄는 것입니다. 만약 이 불을 잡지 못하면 옆집으로 번지고 결국 주변까지 태우니 손해가 클 수밖에 없습니다. 어리석은 사람들은 분노에 속아 이 불을 저지른 범인을 찾는데 몰두합니다. 이미 눈이 먼 상태이기 때문에 소중한 것들이 타들어 가고 있는 것을 외면한 채 범인을 쫓아 원망하기 바쁩니다.

모든 손해를 감수하고 잡은 범인은 진성한 범인이 아니니, 마음에 불이 나면 '먼저 불을 끄는 게 중요하다!'라는 사실을 기억해야 합니다.

집에 불이 나면 더 번지지 않도록 두 가지 조치를 해야 합니다. 첫째는 불을 진압할 수 있는 수단인 물이나 소화기, 모래 등을 활용하는 것이고, 둘째는 불이 번지지 않도록 타기 쉬운 것들을 빨리 치우는 것입니다. 마음에 불이 났을 때도 마찬가지로 우선 분노를 진압할 수 있는 마음의 소화기를 되살려야 합니다. 중생이 나의 전생의 어머니였던 것을 기억하는 것, 불안한 마음에서 사띠를 떼고 안정된 마음을 되살리는 것, 분노라는 주적에 초점을 맞추는 것, 지혜로써 분노의 실체를 꿰뚫는 것 등 쓸 수 있는 모든 방편을 재빠르게 활용해야 합니다.

다음으로는 분노를 더욱 번지게 만드는 요소들을 제거해야 합니다. 분노의 핵심이 되는 탐욕을 빠르게 찾아 불만을 해결하고, 마음을 불안하게 뒤흔드는 것이 정당하다는 착각을 치워내야 합니다. 또한, 과거의 원망들과 연결되어 분노의 불이 옮을 수도 있으니, 이 또한 신경 써야 합니다. 이 모든 과정에서 당황하지 않고 깨어있음을 유지할 때 지혜의 소화기가 활약할 자리가 생깁니다.

지옥 같은 삶에서 탈출하라

지옥에서 고통받는 중생이 안타까웠던 한 고승이 실험을 했습니다. 자신의 신통력으로 지옥 중생을 천상 세계로 옮겨 놓은 것입니다. 지옥을 탈출한 이 지옥 중생은 천상의 행복을 누리며 잘 살았을까요? 고승은 이 점이 궁금해서 잠시 뒤 다시 천상 세계를 살펴봤습니다. 하지만 지옥 중생은 그 자리에 없었습니다. 0.001초도 되지 않아 다시 지옥으로 되돌아간 것입니다. 하느님도 부처님도 스스로 지옥이라는 감옥에서 벗어나겠다는 자발적인 용서 없이는 지옥에서 탈출시켜줄 수 없습니다.

사형선고를 받은 사람이
한 손만 잘리고 풀려난다면 얼마나 다행인가.
마찬가지로 인생의 고통만 겪고
지옥의 고통을 면할 수 있다면 얼마나 다행이겠는가. [6:72]

기억하지 못하겠지만 우리는 이미 지옥에서 수없이 많은 시간 동안 고통을 겪었습니다. 그 지옥의 불길은 중생의 분노를 원료로 하여 만들어진 고통이고, 그 지옥 불에 잡혀 들어가게 된 원동력 역시 자기 자신의 분노와 상응한 것입니다. 만약 마음에 분노가 적거나 없는 존재라면 지옥의 불길은 결코 그를 해칠 수 없습니다. 지옥의 불길이 태우는 것은 몸이 아니라 그 마음에 있는 분노이기 때문입니다.

『자비도량참법』에는 지옥의 불길을 관리하는 우두아방과 목련존자가 대화하는 장면이 있습니다. 목련존자는 '어떻게 하면 이 중생을 더 아프게 할 수 있을까?'를 매 순간 고민하는 우두아방을 바라보며 이렇게 말했습니다.

"우두아방이여, 당신은 자비심도 없는가? 저 불쌍한 중생이 저렇게 고통스러워하는데, 당신은 어째서 그렇게 무자비한 고민만을 거듭하는가?"

그러자 우두아방은 억울한 표정으로 목련 존자에게 자신의 마음을 고백합니다.

"저는 지금 지옥 중생을 정말 불쌍히 여기고 있는 것입니다. 이것이 제가 할 수 있는 최고의 자비입니다."

이어지는 그의 고백은 충격입니다. 처음에 우두아방은 중생에게 지옥 불로 고통을 주고 또 그 모습을 보는 것이 너무 괴로워서 '어떻게 하면 이 고통을 줄여줄 수 있을까?'를 고민했다고 합니다. 그래서 견디기 힘든 지옥의 형벌이 끝나는 순간 중생의 손을 잡으며 간절하게 부탁했다고 합니다.

"부디 이 지옥 불의 고통을 기억하시고 다음 생에는 꼭 분노를 다스려 악행을 하지 마십시오. 피차 괴로우니 다시는 보지 맙시다."

이 부탁을 들은 지옥 중생들은 저마다 "다시는 오지 않겠다."라는 철석같이 약속하며 지옥을 떠났지만, 그들은 곧 다시 지옥 불로 돌아와서는 또다시 고통스러워했습니다. 번뇌에 사로잡혀 있는 한 그들은 삶에서도 죽음 이후에서도 지옥 불에서 벗어날 수 없었던 것입니다. 이런 일이 무수히 반복되자 우두아방은 생각을 바꾸게 되었습니다. '중생은 이 고통의 강도가 약하기 때문에 분노로 저지른 악행의 결과가 지옥이라는 것을 기억하지 못하는 것이 아닐까? 그렇다면 더 강렬한 고통이 있어야 인과를 기억하고 이 지옥을 벗어날 수 있을 것이다!'

중생은 정말 번뇌에 깊이 사로잡혀 있습니다. 깨어있음이 없는 이 망각의 어리석음으로 인해 번뇌가 고통의 열매를 만든다는 것을 잊어버리게 합니다. 그리고 오히려 자신이 만든 고통의 불길이 남의 탓이라고 여기며 그를 모함하고, 원망하며 분노의 불길을 증폭시킵니다. 마음의 불길을 끌 생각은 안 하고 오히려 은혜를 갚아야 할 전생의 어머니인 중생들에게 불길을 번지게 하는 숙주 역할만 하고 있으니 얼마나 번뇌에 충실한 노예다운 행위입니까?

만약 누군가가 나를 비방하고 때릴 때 분노하기보다는 분노의 불길을 끄기 위한 용서를 실천하는 이가 있다면, 그는 작은 고통으로 큰 고통을 제거하는 지혜로운 사람입니다. 본래 모든 것을 잃는 손해를 입어야 마땅하지만 지혜롭게 대처함으로써 아주 작은 손해 정도로 그치게 된 것이니까요.

우리 모두에게는 지옥의 단골집 주인인 우두아방이 있습니다.

지금 이 순간부터 우두아방의 간절한 소원을 들어주세요. 그는 너무도 자주 찾아오는 우리를 싫어합니다. 마음속 분노의 불길로 우두아방을 찾아가지 마시고 그 불을 꺼내어 단골집 주인을 바꿔 보세요. 천상의 아름다운 천신들로 말입니다. 마음에 천상의 음악이 울려 퍼지도록 세상을 용서하시길….

행복한 삶의 첫걸음 - 분노와의 전쟁

『묘법연화경』에는 '일대사인연—大事因緣'이라는 표현이 등장합니다.

일대사인연은 부처님께서 이 세상에 오신 이유를 표현하는 개념입니다. 그것은 다름 아닌 '보리심의 완성'입니다. 보리심을 완성하는 것은 크게 두 가지 성취로 가능해집니다. 첫째는 일체지의 완성인 상구보리이고, 둘째는 일체중생이 일제지를 완성하도록 책임지고 돕는 하화중생입니다.

모든 부처님께서는 이 일대사인연의 방향성으로 삶을 사셨습니다. 여기서 우리가 주목해야 하는 점은 모든 부처님께서도 수행을 시작하는 시점에서는 우리와 똑같이 번뇌의 노예로 살아가던 범부였다는 것입니다. 부처님들도 범부였던 시절에는 번뇌에 사로잡힌 인식으로 살았기에 열반의 세계를 보지 못했습니다. 다만 우리보다 먼저 수행을 시작하셨고, 그 수행을 통해 번뇌와의 전쟁에서 완전한 승리를 거두셨기 때문에 모든 부처님은 중생의 선배님이십니다.

이 말을 조금만 더 깊게 생각해보면 우리는 선배님들인 모든 부처님과 똑같은 일대사인연을 지니고 있다는 것입니다. 다만 이 위대한 삶의 방향성을 언제 자각할지의 시절 인연이 다를 뿐입니다. 언젠가 이 길을 걸어야 할 이들은 이 점을 기억해야 합니다. 모든

불보살의 가문에 어울리는 일대사인연의 길을 시작하는 첫걸음은
바로 분노와의 전쟁이라는 것입니다.

> 금생의 이만큼의 고통도 견딜 수 없으면서
> 내생에 지옥에서 큰 고통을 받게 하는 원인인 분노를
> 어찌하여 던져버리지 않는가.
> 이렇게 오로지 분노 때문에
> 수천 번 지옥의 고통을 겪었으면서도
> 나는 자신을 위해서든 남을 위해서든
> 인욕이라고는 하지 않았다네. [6:73-6:74]

불교에서는 일대사인연의 길을 살아가는 이들을 '보살'이라고 부
릅니다. 보살의 마음을 품지 않은 범부가 분노를 해결하려는 이유
는 개인적인 안위 때문이지만 보살의 마음을 품고 나서는 분노를
해결하려는 목적이 달라집니다. 보살은 일체중생의 행복을 위해,
모든 전생의 어머니들에게 피해를 주지 않기 위해, 세상을 하루빨
리 고통에서 구하기 위해, 이런 더 큰 목적으로 분노와의 전쟁을 치
르는 것입니다. 하지만 목적이 아무리 고귀해도 장님이 장님을 이
끌 수는 없는 노릇이니, 보살의 하화중생의 길은 분노를 다스리는
것부터 시작됩니다.

일체지를 이루는 상구보리의 수행 과정을 봐도 역시 분노를 다

스리는 것이 가장 우선입니다. 번뇌의 인과관계를 앞에서 배웠듯이 표면으로 등장하는 가장 거친 번뇌는 바로 분노입니다. 이것을 우선 해결할 때, 우리는 파멸의 길을 벗어날 수 있고 그 뿌리인 탐욕을 좀 더 명확하게 직시할 수 있게 됩니다. 분노와 탐욕을 해결할 때 우리는 이 둘이 뿌리 내리고 있는 깊은 자아의 허상을 꿰뚫어 볼 수 있게 됩니다. 상구보리의 과정은 이처럼 번뇌를 순차적으로 다스려 나가는 것이 일반적입니다.

남들을 위해 우리가 겪는 고통은

거기서 나올 이득에 비하면 아무것도 아니나니

이 고통이 윤회하는 중생들의 고통을 쫓아주는데

어떻게 우리가 기뻐하지 않을 수 있겠는가. [6:75]

보살은 이미 생겨난 모든 고통과 세상을 용서하기 위해 미래에 겪어야 할 고통까지도 기쁘게 받아들일 수 있습니다. 나 하나가 작은 고통을 받아 일체중생의 고통을 해결할 수 있다면 삶의 목적은 충족되는 것이기 때문입니다. 인류가 신앙의 여부와 관계없이 예수님을 존중하는 이유는 세상의 고통을 짊어진 채 십자가에 못 박히는 보살의 길을 선택했기 때문입니다. 물론 보리심이 없는 이에게는 일체중생의 고통을 대신 짊어진다는 것이 억울하고 슬픈 폭력으로 느껴질 수도 있습니다. 하지만 이미 마음의 준비를 마친

보살에게는 번뇌와의 전쟁에서 생겨나는 고통 그 자체가 환희입니다.

인간의 잠재력을 100% 꽃 피우는 일대사인연의 길 위에서 고통에 대한 인식의 변화는 필수입니다. 어차피 겪어야 하는 고통이 많은 세상이라면 중생을 위해 용기 내어 이를 짊어지는 것입니다. 이처럼 마음이 준비된다면 무작위로 주어지는 고통에 휘둘리지 않을 수 있고, 가야 할 일대사인연의 길을 단단하게 걸어갈 수 있을 것입니다.

분노를 다스리고 싶다면 항상 기뻐하기 위해 노력해야 합니다. 미친 사람처럼 들뜬 기쁜 상태를 말하는 것이 아닌 걱정 없이 편안하고 가벼운 몸과 마음을 말하는 것입니다. 걱정으로 불안한 마음은 분노가 춤출 수 있는 최적의 조건이라는 것, 기억하시죠? 아무리 강렬한 고통이라도 나와 남, 세상을 원망하기보다는 기쁘게 인내하며 이 분노를 용서해주세요.

고통의 원인은 오직 번뇌 때문입니다.
이 사실을 명확히 인지하면
나를 괴롭혔다고 여겼던 가해자는
원수가 아닌 동료로 변합니다.

2

관계를 바꾸는
연금술

다른 사람의 행복을 기뻐하기

찬탄이라는 선물

용서는 분노와 원망을 해결할 때 가능해집니다. 용서의 힘이 큰 사람에게 이미 일어난 분노는 해결하기 쉽고, 아직 일어나지 않은 분노는 예방됩니다. 용서의 힘이 크다는 것은 열린 마음인 보리심에 가까워졌다는 것이고, 이는 무수한 존재들을 마음에 담고 사랑하는 힘이 있다는 것입니다. 사람들은 이러한 큰마음을 지닌 존재에게 매력을 느끼기 마련입니다.

어떤 이가 좋은 점을 갖고 있어서
남들이 칭찬하고 기뻐하면
나도 마찬가지로 함께 칭찬하며 기뻐해야 하리라.

기뻐하는 데서 나오는 이 기쁨은

나무랄 데 없는 행복의 원천이므로

공덕을 가지신 부처님께서 증명하시는

남들을 끄는 최고의 방법이라네. [6:76-6:77]

행복한 삶을 살아가는 데에는 인복이 많은 사람이 유리합니다. 원한으로 묶이면 두려움을 증폭시켜 열린 마음조차 닫히게 하지만, 은혜로운 인연은 사랑을 주고받으면서 두려움의 벽을 녹입니다. 부처님의 열린 마음을 배우고 싶다면 우리는 은혜를 주고받는 방법으로 인복을 늘릴 필요가 있습니다.

부처님께서는 사람들과의 관계를 개선하고, 수많은 존재를 포용하는 수행법으로 사섭법을 말씀하셨습니다. 그중 애어섭愛語攝이라는 수행은 주로 누구나 듣기를 원하는 찬탄을 활용합니다. '내가 싫어하는 것은 상대에게 강요하지 말고, 내가 좋아하는 것은 상대에게 선물해야 한다.' 관계를 좋게 만들고 싶다면 이 원칙을 기억하고 실천해야 합니다.

자신이 가진 장점을 인정받고 칭찬받는 것을 싫어하는 사람은 없습니다. 그러니 우리는 이 찬탄이라는 선물을 어머니 중생들에게 건네줄 필요가 있습니다. 찬탄은 그들의 마음을 기쁜 마음으로 북돋아 주는데, 이는 불안과 불만을 줄여줘서 분노에 대한 면역력을 키워줍니다.

이 찬탄은 돈을 들이지 않고도 그 어떤 비싼 약보다 듣는 사람의 마음을 잘 치유하여 중생의 고통을 덜어 줍니다. 또한 중생의 닫힌 마음까지도 열어주니 그 자체만으로도 주고받는 모두에게 행복을 전해줍니다. 보살의 마음을 배우는 이들은 중생을 찬탄하는 연습을 해야 합니다. 그런데 우리는 왜 이런 훌륭한 찬탄을 활용하지 못하는 것일까요? 열리지 않은 인색한 마음은 사랑하는 가족이나 친구가 칭찬을 받는 순간, 함께 기뻐하기는커녕 오히려 질투하고 화를 냅니다. 조금만 연습이 되어 있어도 절대 하지 않을 행동을 하는 것은 습관적으로 번뇌의 노예가 되기 때문입니다.

남들의 행복에 관심이 없으며
그들의 행복을 바라지 않는 사람들은
자기를 위해 일하는 사람에게 품삯을 주지 않는 것과 같으므로
금생에도 내생에도 혜택을 받지 못할 것이라네.
자신의 좋은 점이 칭찬받을 때는 남들이 기뻐해 주기를 바라면서
남들의 좋은 점이 칭찬받을 때는 기뻐하는 데에 인색하다네.
그대는 중생의 행복을 위해 보리심을 일으켰으면서
중생이 스스로 행복을 구하는데
어찌하여 기뻐하지 않는가. [6:78-6:80]

분노를 다스려서 모든 것을 용서하겠나고 다짐한 우리는 이미 일대사인연을 시작했습니다. 그렇기에 광대한 모든 중생을 최고의 행복으로 이끌 책임이 있습니다. 만약 중생이 자신의 삶을 스스로 변화시켜서 다른 이들에게 칭찬받고 있다면, 내가 할 일을 그들 스스로 해낸 것이니 기쁜 일 아닌가요? 중생이 자신의 행복을 위해 노력해서 보살의 일을 도와줬기에 그들을 질투할 이유는 전혀 없습니다. 심지어 사랑하는 사람이 아니라 원수가 칭찬을 받더라도 보살은 함께 기뻐하는 것이 이치에 맞습니다.

번뇌와 사람을 따로 분리해서 바라보는 지혜를 활용해보세요. 그 사람에게 지닌 원한은 원한이고, 장점은 장점이니 여전히 원한이 남아 있는 상태에서도 충분히 찬탄할 수 있을 것입니다. 만약 이 두 가지가 명확히 구분되지 않는다면 여전히 그 사람이 가해자라는 착각에 시달리고 있는 것입니다. 나도, 그 사람도 그저 분노에 피해를 본 불쌍한 존재입니다. 그러니 고통의 원인을 단 한 곳에 묻는 습관을 지녀보세요. 행복을 파괴하는 범인은 오직 분노입니다.

원수에게 선물하는 용기

마음에 불이 날 때 그 불을 원수에게 옮기는 방법은 무엇일까요? 간단합니다! 복수하면 됩니다. 그렇다면 마음의 불을 끄는 방법은 무엇이 있을까요? 간단합니다! 선물하면 됩니다.

> 만일 모든 중생이 깨달음을 얻어
> 삼계에서 예경받는 것을 진정으로 바란다면
> 다른 사람이 존경과 보살핌, 혹은 보시하는 것을 보고
> 어찌하여 그대는 그렇게 괴로워하는가. [6:81]

2005년을 시작으로 한 '자비도량 만일정진' 모임이 있습니다. 100일마다 정진 주제를 바꿔 수행하고 있는데 때때로 참회의 힘을 키우는 수행인『자비도량참법』을 텍스트로 수행을 하곤 합니다. 한 번은 함께 수행하는 스님들과 법우들이 저에게 이런 질문을 한 적이 있습니다.

"스님, 싫어하는 사람을 쉽게 용서하는 방법은 없나요?"

저는 이렇게 대답했습니다.

"가장 쉬운 방법은 그 사람에게 선물을 주는 것입니다. 그 사람에게 선물을 줘보세요."

이것이 바로 가장 쉽게 용서를 실천하는 방법입니다. 하지만 이

렇게 질문했던 사람조차 원수에게 선물하는 용기를 내지 못하는 경우가 많은데, 그 이유는 자신의 고정관념을 뛰어넘지 못하기 때문입니다. 예를 들면 이런 관념입니다. '그 사람이 선물을 받아 주겠어?', '선물을 하면 정말 원한이 사라질까?' 그리고 선물을 주겠다고 다짐하는 순간부터 실제로 고르고 전달하기까지 내내 끝없는 저항들이 올라옵니다. 이를 뛰어넘기 위해서는 용기가 필요합니다.

용서는 선물하겠다고 다짐하는 그 순간부터 시작됩니다. 선물하는 행위에는 '내 편인 상대방을 기쁘게 하겠다!'라는 의미가 숨어 있기 때문입니다.

물론 여전히 원한 때문에 자기모순에 의해 마음이 혼란할 수는 있습니다. 하지만 모든 저항을 극복하고 선물하는 것에 성공한다면, 싫어하는 그 사람을 용서하는 데 큰 힘이 되어줄 것입니다.

그대가 양육해야 할 누군가가
스스로 생계를 꾸려갈 수 있게 될 때
그대는 기뻐하지는 못할망정, 왜 화를 내고 있는가.
중생들을 위해 이것조차 바라지 않는다면
어떻게 그들이 깨달음을 얻기를 바랄 수 있으며
남들이 잘 되는 것을 보고 화를 낸다면

보리심은 어디에서 찾을 수 있겠는가. [6:82-6:83]

사실 어떤 물건을 선물하는 것은 정말 쉬운 일입니다. 이것보다 훨씬 어려운 것은 원수가 잘 되는 것을 함께 기뻐하고 찬탄하는 것입니다. 물론 어려운 만큼 뛰어난 효능이 있는데, 그것은 빠르게 원한이 풀린다는 것입니다. 일반적으로 이 방법을 알려주지 않는 이유는 그 난이도가 지극히 높기 때문입니다. 하지만 보리심을 지닌 보살이 방법을 묻는다면 원수에게 진심 어린 찬탄을 선물해보라고 조언할 것입니다. 보살은 일체중생을 책임지고 깨달음을 증득하겠다는 목표를 지녔기 때문에 이 조언을 충분히 감당할 수 있습니다.

삶의 목표가 깊고 광대한 보살은 좁고 어려운 길을 배우면서 높은 저항감을 이겨낼 필요가 있습니다. 보살은 마음이 분노의 불에 타고 있을 때 원인이라고 우기고 싶은 가해자를 찬탄해야 합니다. 이 일을 하지 못하면 일체중생을 구하겠다는 다짐은 뜬구름 잡는 말이 될 뿐입니다. 원수를 칭찬하지 못하면 비난받아야 한다는 말이 결코 아닙니다. 원수라는 중생을 마음에 품는 보살행이 어렵다는 이유로 시도조차 하지 않는다면, 이는 보살의 위대한 선택과 어울리지 않다고 말하는 것입니다. 지금 당장 잘하지 못하더라도 보살은 반드시 이를 선택해야 합니다. 원하는 마음이 충분해지면 보살의 난행을 시도할 힘이 솟아날 것입니다.

남의 것까지 집착한다면

분노의 한 축인 불만은 나와 내 것에 대한 집착에서 시작됩니다. 이 집착이 심해지면 심지어는 남의 것에도 집착하고 불만을 품는데, 이것은 남의 것을 내 것처럼 착각하는 인지적 오류에서 비롯됩니다.

누군가가 그 보시를 받았거나
보시하려던 사람의 집에 공양물이 남아 있어도
그것은 그대의 것이 아닌데
그걸 주든 안 주든 무슨 상관있는가. [6:84]

『입보살행론』은 때로 재가의 삶을 살아가는 현대인들에게 이해되지 않는 비유를 듭니다. 이 논은 7세기경 인도의 수행자들을 대상으로 한 가르침이기 때문입니다. 그래서 가르침의 난이도가 높고, 문화도 안 맞을 수 있습니다. 그러므로 자신의 상황에 맞게 비유와 난이도를 조정하면서 배우는 과정이 필요합니다. 샨티데바 스님은 설법을 듣던 당시 수행자들이 지금과는 달리 모두 탁발에 의지해서 살아갔기에 이런 비유를 하신 것인데, 현실에 맞춰 상황을 다르게 설명해보겠습니다.

모르는 사람이 내 원수에게 선물을 줬다고 가정해보겠습니다.

원수가 받은 그 선물은 내 것이 아닙니다. 또한 원수가 받지 못했다고 해도 내가 받게 될 선물도 아닙니다. 하지만 우리는 원수가 선물을 받는 것에 질투하기도 하고 화를 내기도 합니다. 여기에는 원수가 고통에 빠지면 좋겠다는 집착이 복합적으로 작용하지만, 흥미로운 점은 남의 것을 욕심내는 이상한 집착도 한몫한다는 것입니다.

애써 쌓은 복덕과 신심과
자신의 공덕을 어찌하여 버려 버리는지
얻은 것도 가지지 못하면서
누구에게 분노해야 하는지를 설명해보라. [6:85]

여성은 상황에 대한 판단을 할 때, 청각과 후각 등 다양한 감각을 활용한다고 합니다. 반면 남성은 여러 감각 중 시각에 의지하는 비중이 크다고 합니다. 그래서 남성들은 어떤 여성에 관해 궁금해할 때 주로 외모에 대해 질문을 합니다.

"그래서 예뻐?"

시각은 경험에서 매우 중요한 요소입니다. 단순하고 원초적인 상태일수록 우리는 눈에 보이는 것에 강하게 집착합니다. 견물생심見物生心과 같이 보는 것은 탐욕을 부추기는 비논리적인 형태를 보입니다. 눈에 보이지 않는다는 이유로 소중한 가치에 대해서는 가볍게 생각하는 반면, 남의 소유물에 대해서는 눈에 보인다는 이유로 쉽게 집착합니다.

행복을 추구하는 이들에게는 물건보다 공덕이 훨씬 가치가 있습니다. 물건은 우리를 오래 행복하게 해주지 못하지만, 공덕은 우리가 오랜 시간 행복을 즐길 수 있도록 돕는 공용화폐이기 때문입니다.

원수가 남에게 선물 받는 장면을 목격할 때 우리는 이상한 실수를 반복합니다. 그 실수는 내 것도 아닌 남의 것에 대한 집착 때문에 분노에 사로잡힌다는 것입니다. 남의 것에 대한 집착과 분노 때문에 우리는 이미 얻은 소중한 공덕조차 버리고 있습니다. 이는 남이 소유한 십 원짜리 동전에 대한 집착으로 100년 동안 나를 행복하게 해줄 원천을 버리는 것인데, 얼마나 어리석은 일인가요?

그대 자신이 저질러 온 악행에 대해

뉘우치고 참회하지 않는 것도 나쁜 일인데

어찌하여 선행하는 이들을 질투하여 경쟁하려 하는가. [6:86]

질투와 분노가 명백한 오류라는 것을 이해했다면 잘못된 습관을 교정해야 합니다. 우리는 이러한 노력이 행복을 위한 올바른 선택

이라는 것을 분명하게 이해하지만, 질투에 눈이 멀면 실수를 하기
도 합니다. 이 실수를 방지하기 위해서는 가슴으로 하는 참회를 반
복해서 닦아야 합니다.

질투를 쫓아다니는 것은 이제 멈춰야 합니다. 남의 것은 내 것이
아닙니다. 그 물건을 어떻게 활용할지는 그의 선택입니다. 괜한 오
지랖은 그만두세요. 만약 상관하거나 집착하고 싶다면, 그 힘으로
어렵게 만든 자신의 공덕에 초점을 맞추고 지키기 위해 노력해 보
세요. 우리는 이제 잘못된 선택으로 생긴 번뇌의 흐름을 용서하고,
질투와 분노의 감옥에서 자신을 풀어주는 데 집중해야 합니다. 우
리의 이름은 '보살'이니까요.

원수에게 선물하는 것은 생각보다 큰 용기가 필요합니다.
하지만 모든 저항을 극복하고 선물을 전달한다면
원한이 풀리는 데 도움이 됩니다.

3

성숙한 눈으로
상황 마주하기

상처받고 손해 볼 때

저주라도 하지 않기

행복해지는 방법을 질문한 제자들에게 부처님께서 제안하신 바는 바로 베푸는 삶과 도덕적인 삶입니다. 베푸는 삶은 닫힌 마음을 열어주고, 도덕적인 삶은 열린 마음을 보호해 줍니다. 부처님께서 도덕적인 계율을 말씀하신 것은 통제가 아닌 행복을 위한 것입니다.

부처님께서는 항상 모든 상황에서 고통에서 벗어나 열반으로 나아감에 초점을 맞춥니다. 그것이 자신이든, 친구든, 제자든, 원수든 일체중생 모두가 일대사인연을 성취하는 것 단 하나에 철저하게 초점이 맞춰져 있습니다. 그러므로 부처님께서 베풀라고 하시는 것은 그것이 착한 일이니 실천해야만 한다고 하는 의무가 아니라 그 자체로 행복해지기를 축복하는 것입니다.

만약 적에게 좋지 않은 일이 있더라도

그래서 그대가 좋아할 일은 무엇인가.

그대가 바라는 기대만으로는

그대의 적이 해롭게 될 원인으로 되지 않는다네.

그대의 뜻대로 적이 고통받는다 하더라도

어떻게 그것이 그대를 행복하게 하겠는가.

그것이 그대에게 만족을 준다고 말한다면

이보다 더 나쁜 일이 어디에 있겠는가. [6:87-6:88]

보리심을 지니지 않은 상태에서 남의 고통을 기뻐하는 것은 장기적으로 행복에 도움 되지 않습니다. 이런 부정적 사고관은 잠시간 쾌락을 선물할지 모르나, 이것이 반복되면 자신의 삶은 점점 힘들어지고 사랑하는 이들까지도 망쳐버릴 수 있습니다. 이러한 사고관 자체가 극심한 고통을 만드는 바이러스입니다.

보리심을 지닌 보살인 경우, 원수조차 일체지의 행복으로 이끌어야 하는 의무가 있습니다. 그런데 초심 보살의 경우 번뇌에 눈이 멀면 중생 구하기를 굳게 다짐했다는 것을 완전히 잊어버리고 전생의 어머니들을 저주하며 그들의 고통을 즐기는 심각한 오류를 저지를 수도 있습니다. 불이 타는 것이 속성이듯, 중생은 번뇌하는 것이 특징이기 때문입니다.

　남의 고통을 기원하는 비도덕적인 원념들은 반드시 제어되어야 합니다. 샨티데바 스님은 이 문장을 통해 우리를 비난하거나, 도덕적으로 살라고 강요하는 것이 아닙니다. 그의 입장에서 전생의 어머니인 우리에게 부디 행복의 길을 걸어가라고 간절히 부탁하는 것입니다. 샨티데바 스님 역시 보리심으로 우리를 고통의 바다에서 구하고 싶은 것입니다.

　그런 생각은 분노와 같은 낚시꾼이 던져놓은

　견딜 수 없을 정도로 날카로운 낚싯바늘 같아서

　한번 걸리면 틀림없이 지옥의 사자들이 끌고 가서

　화탕지옥에 집어넣고 태워 버릴 것이네. [6:89]

　분노는 중생이라는 물고기를 잡을 때 무서운 낚시 그물을 사용합니다. 이 그물은 강한 쇠로 이루어져 있는데 그물코마다 날카로운 쇠가시가 박혀 있습니다. 그런데 물고기가 이 그물에 걸려서 발버둥 치면 어떻게 될까요? 쇠가시는 점점 더 물고기의 온몸을 파고들며 강하게 구속할 것입니다. 우리가 갇힌 분노라는 감옥도 이것과 비슷하지 않나요?

　분노의 자연 수명은 사실 90초 정도라는 실험 결과가 있습니다. 만약 분노가 올라올 때, 외면하거나 억누르지 않고 가만히 분노를

바라본다면 90초 후 그 불이 꺼지는 것입니다. 하지만 이 분노가
사라지기를 바라며 발버둥 치면 분노의 수명은 늘어납니다.

원하는 상태가 지속되기를 바라는 마음은 탐욕, 원하지 않는 상
태가 사라지기를 바라는 마음은 분노, 자신이 탐욕과 분노를 쓰고
있다는 걸 모르는 것을 우치라고 합니다. 그리고 탐욕과 더불어 우
치는 분노의 가장 좋은 먹잇감입니다. 분노가 사라지기를 바라시
나요? 하지만 사라지기를 바라는 분노는 오히려 땔감이 되어 희망
과는 다른 결과를 불러일으킬 것입니다. 분노가 오래 머무르기를
부탁했던 주인공은 바로 나였던 것입니다.

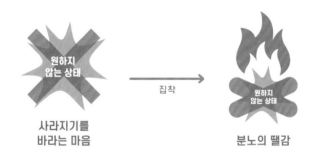

[사라지기를 바라는 마음과 분노의 관계]

용서하기 힘든 원수가 있다면 우선은 그를 저주하는 것만이라도
그만둬야 합니다. 그만두지 않으면 더 화가 나는 원리를 이해하고
결단해야 합니다. 그리고 그것을 그만두는 가장 쉬운 방법은 주의
력을 다른 곳으로 돌리는 것입니다. 아무리 저주해봐야 원수에게

효과도 없고, 나 자신의 경험에도 엄청난 악영향을 줍니다. 성과없는 일을 위해 번뇌의 그물에 자신의 몸을 던지는 행위를 그만두고 조금이라도 평정심을 되찾을 때 우리에게 용서할 기회가 찾아옵니다.

마음을 흔드는 말

분노는 까다로운 무용수입니다. 자신의 마음에 드는 무대가 아니면 춤을 추지 않습니다. 오직 입맛에 맞는 마음 위에서만 춤을 추기 때문에 흔들리는 마음을 다잡으면 분노는 나타나지 않습니다.

부처님께서는 마음을 흔드는 대표적 요인을 팔풍八風으로 비유하셨습니다. 그것은 이익과 손해, 명예가 높아지는 것과 훼손되는 것, 칭찬과 비난, 고통과 즐거움입니다. 우리는 이익이나 손해를 볼 때 마음이 흔들리고, 고통스럽거나 즐거워도 마음이 흔들립니다. 그렇기 때문에 이 팔풍은 분노의 무대를 만드는 원동력이 됩니다.

> 칭찬과 명성과 명예는
> 공덕이나 수명을 늘려주지 않을 뿐 아니라
> 체력이나 건강에도 도움이 되지 않고
> 신체적인 안락도 가져다주지 않는다네. [6:90]

바람의 종류에는 자연풍도 있지만, 선풍기나 부채로 부는 바람도 존재합니다. 마찬가지로 팔풍의 근원도 각각 다른데, 그 근원은 누군가의 말로 인해 시작되는 경우가 꽤 많습니다. 사람들은 누군가 자신에게 신체적 혹은 언어적 폭력을 가하면 그를 원수로 판단합니다. 물질의 원리가 적용되는 신체적 폭력은 육체에 상처를 입히기 때문에 원수라고 판단될 수 있습니다. 그러나 비물질의 원리에 해당하는 언어적 폭력인 비난의 말은 몸에도 마음에도 상처를 주지 못합니다. 비난의 말로 인해 마음이 불안해지는 것은 비난의 말을 듣고 일어나는 마음의 반응 때문입니다. 칭찬의 말 역시 몸과 마음에 특별한 도움을 주지 못하며 마음이 만족을 느끼는 것 또한 칭찬을 들은 후 일어나는 마음의 반응 때문입니다. 그럼 물질의 영역인 재물이 생기는 이익은 우리에게 긍정적인 영향을 줄까요?

재물의 이익은 마음에 있어 인식 대상입니다. 대상을 인식할 때 우리는 호오평등好惡平等 중 하나의 반응을 보이게 되는데, 이 반응은 몸과 마음에 좋은 영향을 미치기도 하고, 안 좋은 영향을 미치기도 합니다. 만약 재물에 대한 이익으로 건강이 좋아졌다면 그것은 재물이라는 대상 때문인가요? 아니면 대상에 대한 마음의 반응 때문인가요? 재물로 건강이 좋아진다면 부자들은 모두 건강해야 합니다. 그들은 이미 많은 재물을 지니고 있고, 앞으로도 늘어날 가능성이 높으니까요. 하지만 부자라고 모두 건강한 것은 아니니, 분명 다른 이유가 있을 것입니다.

이익이 생겼을 때 마음의 반응은 사람마다 천차만별입니다. 누군가는 이익이 생기면 오히려 걱정에 사로잡히기도 합니다. 재물이 1차 자극이라면, 그에 대한 마음의 반응은 2차 자극입니다. 이

때 2차 자극은 행불행을 결정하는 주된 원인입니다. 재물이 총알을 장전하는 것이라면 반응은 이 총을 쏘는 것입니다. 재물과 칭찬 그리고 비난 등의 대상은 결과를 만들어내는 직접 원인이 아닙니다.

범부는 팔풍의 대상에 일희일비—喜—悲합니다. 중생은 번뇌에 사로잡히는 것이 특징이기 때문입니다. 반면 번뇌로부터 자유로워진 성인은 팔풍으로부터 담담할 수 있습니다. 진정한 영웅은 번뇌와의 전쟁에서 승리한 자입니다. 중생끼리 싸우고 죽이는 것은 번뇌에 강하게 속박되는 결과물을 만들 뿐입니다. 대웅大雄은 자신의 번뇌를 모두 정복한 후 오직 자아를 죽입니다.

> 음주와 도박 같은 일시적인 쾌락은
>
> 우리를 진실로 행복하게 만들지 않나니
>
> 우리가 인생의 의미를 진정으로 안다면
>
> 그런 것들을 무가치하게 여겨야 할 것이라네. [6:91]

팔풍은 역경과 순경의 쌍으로 이루어져 있습니다. 우리는 역경의 순간만이 아닌 순경의 순간에도 마음이 들뜨고 흔들립니다. 사실 역경의 순간에는 고통에 대한 인식 때문에 조심하는 태도를 지니게 되지만, 순경의 순간에는 뭐든 잘 될 것이라는 오만함 때문에 위험합니다. 중생은 이를 모른 채 그 즐거움을 오랫동안 누리지 못하고 한순간에 엎어집니다. 순경이 한순간에 역경으로 바뀌는 것입니다. 삶을 바꾸기 위해, 분노를 정복하기 위해, 일대사인연을 해결하기 위해 노력하는 보살들은 항상 좋을 때 조심해야 합니다.

우리는 일대사인연을 기준으로 모든 경험을 정렬시키는 과정이 필요합니다. 단순한 생활방식과 명료한 기준들은 불필요한 생각들을 줄여주고, 마음이 흔들릴 가능성을 낮춥니다. 흔들리지 않는 마음에는 깨어있음이 있기에 온전한 평화를 누릴 수 있습니다. 수행자는 반드시 이 위대한 환희심을 누려볼 필요가 있습니다. 일대사인연의 길에서만 경험하는 이 달콤함은 음주나 도박같이 일시적인 가짜 쾌락에 집착할 이유가 없도록 만듭니다. 이러한 경험에 대해 부처님께서는 이렇게 호언장담하셨습니다.

"이 맛을 본 자의 미래는 정해졌다. 그는 이 길을 제외한 어떤 곳에서도 만족할 수 없을 것이다."

어른 아이

바닷가에 가면 모래사장에서 노는 아이들을 볼 수 있습니다. 아이들은 파도가 닿지 않는 곳에서 모래성을 쌓는데, 파도가 안쪽으로 깊게 밀려오면 그 성은 무너져 내립니다. 어른들에게 모래성이란 경험상 무너질 수밖에 없는 평범한 모래일 뿐입니다. 하지만 아이들은 자신이 노력해서 만든 것에 대한 집착이 있어서 슬퍼하고 울기까지 합니다.

명예를 위해 사람들은 재물을 주고
때로는 목숨까지도 희생하지만
우리가 죽을 때 명예가 무슨 소용이 있으며
그것이 누구에게 기쁨을 주는가.
자기가 쌓은 모래성이 무너질 때
아이들이 지칠 때까지 계속 우는 것처럼
사람들은 칭찬과 명성을 잃으면 몹시 괴로워한다네. [6:92-6:93]

아이에게는 아이가 집착하는 모래성이 있듯, 어른들에게는 각자 자신이 집착하고 있는 모래성이 있습니다. 누군가에게는 그것이 사랑이고, 누군가에게는 재산, 친구, 명예, 성공일 것입니다. 이것을 모래성이라고 부르는 이유는 무너지기 쉽고, 처음 생각했던 것만큼 가치가 크지 않기 때문입니다. 세상의 모든 것은 시간이 지나면 무너집니다.

올라간 것은 반드시 떨어지는 무상한 세상이 바로 우리가 사는 세상입니다. 막을 수 없는 무상의 흐름 속에서 영원불멸한 것은 단 하나도 없기에 우리가 가치 있게 여기는 모든 것은 무너지기 쉬운 모래성입니다.

개개인들은 그 가치체계가 서로 다르기 때문에 자신에게는 가치 있는 것이 다른 이에게는 가치가 없을 수 있습니다. 어른들에게 모래성이 가치 없어 보이듯 말입니다. 주관적 가치는 대상의 질에 따라 매겨지는 것이 아니라 대상에 대한 집착의 수위에 따라 매겨지는 것입니다.

번뇌에 휩싸이는 순간 중생은 남녀노소 할 것 없이 평등합니다. 이 순간 아이와 어른은 비슷한 수준이 되는데 아이들이 소중히 여기는 모래성이나 어른들이 목숨처럼 소중히 여기는 대상이나 그것이 무너지면 울어버리는 반응은 똑같기 때문입니다. 그래서 중생은 나이를 먹어도 여전히 어른 아이에 머무릅니다.

번뇌를 대처하는 방식에서 어른은 아이와 달라야 합니다. 몸과 함께 의식도 발전해야 하니까요. 만약 육체의 성장 속도만큼 의식도 성장한다면, 분노를 조절하지 못하는 모습을 아이들 앞에서 보일 일이 있을까요? 아이들이 선생님, 부모님, 어른들을 존경하지 않기 시작하는 것은 바로 그 시점부터입니다. 분노를 조절하지 못하는 어른의 모습을 목격할 때 그 수준이 자신과 똑같다는 것을 눈치채는 것입니다.

　어른은 점점 열린 마음에 가까워져야 합니다. 또한, 세상이 원하는 대로 되지 않더라도 그 불만을 다룰 줄 알아야 합니다. 불만이 커지면 분노가 되는데 그 분노를 인욕하지 못해서 나와 남을 해치면 안 됩니다. 이는 어린아이들의 의식 수준이고 행동입니다. 아이들은 삶의 경험도 짧고 이렇다할 교육이나 훈련을 받지 못했으므로 이해하고 용서해줄 수 있습니다. 하지만 어른이 이렇게 행동하면 용납되기 어렵습니다. 자신을 돌이켜 볼 때 어른 아이라면 어른으로 변하기 위해 노력해야 합니다. 세상에는 온전한 어른이 꼭 필요합니다. 어른이 없는 세상은 상상만 해도 참담하지 않나요?

내가 도왔다는 착각

보리심에는 다양한 정의들이 존재합니다. 종류가 다양하다는 것은 불교에서 이 마음을 정말 '중요시한다'라는 뜻입니다. 세계적인 베스트셀러 경전 중 하나인 『금강경』에서는 이 보리심을 광대심, 제일심, 상심常心, 부전도심不顚倒心의 마음으로 표현합니다. 앞서 보리심에 의지한 수행과 함께 광대심과 제일심은 이미 설명했고, 지금은 나머지 중 하나인 상심에 대해 알아보겠습니다. 상심이란 광대한 일체중생을 부처님과 같은 행복을 누리도록 이끌었지만, 그들은 본래 부처님이었기에 변화한 것이 없다는 것을 아는 마음입니다.

모든 중생은 열반의 마음인 에덴동산에 지금 이 순간에 살고 있음을 설명했습니다. 하지만 이분법적 인식으로는 불이의 인식으로만 경험 가능한 그 진실한 모습을 알아보지 못할 뿐입니다. 중생은 열반에서 한 발자국도 떠난 적이 없습니다. 중생이 부처가 된다는 것은 이곳과는 다른 특별한 열반의 세계로 나아가는 것이 아닙니다. 그저 지금 이 자리가 바로 열반의 고향임을 꿰뚫어 보는 것입니다.

보리심의 네 가지 종류에 상심이 있는 것은 보살행을 하면서 생기는 집착을 다스리기 위해서입니다. 중생은 다른 이를 조금이라도 돕고 나면 그 사실을 자랑하고 칭찬받고 싶어 합니다. 하지만 이런 집착은 불만을 만들어 분노의 씨앗으로 작용합니다. 행복해지려고 하는 이들은 하루빨리 이 집착을 던져버려야 합니다. 특히 보리심을 완성해서 모든 일체중생을 최상의 행복으로 이끌려는 보살이라면 이 집착을 잘 다스려야 할 것입니다.

극성스러운 부모 밑에서 치열하게 공부하여 명문대학교에 진학한 자녀들이 상처받는 말이 있습니다.

"내가 열심히 뒷바라지해서 너를 명문대학에 보냈다."

부모들이 이런 생색을 내는 이유는 그들도 칭찬에 목마른 중생이기 때문입니다. 하지만 평범한 자녀들은 이 사실을 모르기에, 이 말은 비수가 되어 자녀들의 가슴에 꽂힙니다. 명문대학에 합격할 수 있었던 것은 수년간 자신이 최선을 다해 노력한 결과입니다. 하지만 부모의 말은 자녀의 모든 노력을 부정하는 의미를 담고 있어서 원한이 생기는 것입니다.

보살은 일체중생이 부처님과 같은 행복을 누릴 수 있도록 돕습니다. 보살의 헌신적인 도움으로 인해 중생이 부처가 되었다 하더라도 중생의 본질은 변한 것이 없습니다. 그것은 그저 기억을 잃었던 부처님이 기억을 되찾은 것뿐입니다. 기억을 되찾는 수행을 직접 실천한 것 역시 중생입니다. 보살이 그를 도운 것은 성불의 무한한 조건 중 아주 작은 조력 정도입니다. 그렇기에 생색낼 수 있는 것은 단 하나도 없습니다.

말에는 의식이 없으므로

그것이 우리를 칭찬하지는 못하지만

우리를 기쁘게 하는 것은

우리를 칭찬하는 사람의 기뻐하는 마음이라네.

남들이 누군가나 우리에 대해 기뻐한다고 해도

그들의 기쁨은 어디까지나 그들의 것일 뿐

우리의 것이 아니라네. [6:94-6:95]

　

중생이 오랜 세월을 살았다고 의식이 함께 발전하는 것은 아닙니다. 의식이 발전하지 못한 어른은 아이와 같습니다. 그들은 여전히 부모에게 인정받고 칭찬받고 싶은 욕구가 있습니다. 그래서 자녀에게, 부부에게, 친구에게 생색을 내고 원하는 대로 안 되면 화를 내는 것입니다. 육체가 자라고 사회적 힘이 생겼기에 그 폭력성이 더 강해졌다는 점만 다를 뿐, 본질적인 아이와 같은 면은 변하지 않았습니다.

누군가 내 장점을 칭찬한다면 우리는 그 말을 듣고 싶은 것일까요, 아니면 장점을 인정하며 기뻐하는 그 마음을 원하는 것일까요? 진심으로 칭찬하는 것은 말이 아닌 마음의 영역입니다. 그렇기에 우리가 원하는 것은 진심으로 함께 기뻐하는 마음입니다. 그 마음을 느낄 때 중생은 사랑받는다는 확신을 가지게 되고 자신감을 가지게 됩니다. 중생은 모두 어린아이와 같은 욕구를 지니고 있는 것입니다.

그렇다면 그들이 진심으로 기뻐하는 것은 내 마음에 어떤 영향을 줄까요? 그 마음 때문에 내 마음이 기뻐지는 것일까요? 앞서 살펴본 논리를 다시 응용하자면 상대방의 기뻐하는 마음은 1차 자극입니다. 그리고 이에 마음이 반응하는 것은 2차 자극입니다. 우리 마음이 기뻐지는 것은 상대방의 기쁨 때문이 아니라, 그 기쁨을 기대하던 나의 희망이 만족했기 때문입니다.

> 그들이 기뻐할 때 우리도 기뻐한다면
> 우리는 모든 경우에 기뻐해야 할 텐데
> 어찌하여 남들이 칭찬을 받아 기뻐할 때
> 우리는 기뻐하지 않는가.
> 그러므로 친구들과 남들이 하는 칭찬에서
> 자기만족에 빠지거나 기쁨을 찾는 것은 전혀 당치 않은 일이니,
> 그것은 매우 유치한 것이라네. [6:96-6:97]

타인의 마음을 바꿀 방법은 없습니다. 목마른 이를 냇가로 데려다줄 수는 있지만 물을 마시는 일은 그가 직접 해야 합니다. 내 마음을 남이 바꾸는 것도 역시 불가능합니다. 외부적인 자극이 마음에 어떠한 상처도 주지 못하는 것처럼, 마음의 변화를 일으킬 수 있는 것은 오직 자신뿐입니다. 경험이 일어나는 과정과 그 경험을 바

꾸는 핵심에 대해 이해하는 것은 매우 중요합니다. 사람들은 삶을 바꾸고 싶어 하지만, 매 순간의 경험을 바꾸지 않고서는 삶을 바꿀 수 없습니다. 그렇다면 그 경험을 바꾸는 방법은 무엇일까요?

우리는 주의력이 닿는 대상만을 경험합니다. 운전자가 빠르게 스쳐 지나가는 모든 대상을 시각으로 경험할 수 없는 이유는 그 대상 중 극히 일부에만 주의력이 닿기 때문입니다. 반대로 생각해 보면 하기 싫은 경험을 바꾸려면 주의력을 다른 곳으로 옮기기만 하면 됩니다. 경험을 바꾸는 열쇠는 바로 주의력입니다. 경험이 일어나는 원리를 명확히 이해하지 못하면 자꾸 행복의 근원을 외부에서 찾는 어리석음을 범하게 됩니다. 번뇌의 그물은 삶을 살아가는 동안 항상 우리를 노리고 있고, 그 그물에 걸리는 것은 중생의 습관입니다. 정신을 똑바로 차리지 않는 한 번뇌의 그물에 잡히는 것은 한순간입니다.

[주의력으로 삶을 바꾸는 길]

우리가 자신을, 상대방을, 세상을 용서하기 위해서는 반드시 분노를 해결해야 합니다. 분노가 만들어 낸 원한이라는 고름을 제거해야 하고 원한에 사로잡혔던 주의력을 용서의 방향으로 옮겨야 합니다. 우리는 모든 수단을 활용해서 자유로워져야 합니다.

분노는 흔들리는 마음 위에서 춤춘다는 것을 기억해두세요. 이 마음을 흔드는 것은 팔풍이고, 그 팔풍 중에 칭찬과 비난이라는 바람이 속해 있다는 것도 알아야 합니다. 칭찬에 목말라 있는 것은 행복을 위한 효과적인 전략이 아닙니다. 그것은 내 마음을 기쁘게 하는 원인이 되지 못하고, 칭찬하는 이의 마음은 내가 통제할 수 있는 영역이 아닙니다.

노력으로도 조절할 수 없는 남의 기쁨에 집착해서 눈치 보는 행위는, 남의 목장에 소가 몇 마리 있는지에 집착하여 온종일 남의 소만 헤아리고 있는 것과 같습니다.

이게 왜 문제일까요? 남의 목장의 소를 세느라고 내 소에는 관심을 두지 않아 다 잃어버릴 수 있기 때문입니다. 그렇게 방치된 내 공덕들은 모두 분노에 불타고 있습니다. 부디 밖에서 찾던 행복을 안으로 바꾸시길 권합니다.

지옥문이 되는 칭찬

『칭찬은 고래도 춤추게 한다』이 책의 제목은 단순한 비유가 아닙니다. 칭찬은 정말 돌고래들을 신호에 맞춰 춤추게 하는 원동력이라고 합니다. 동물이나 사람과 같이 욕구를 지닌 존재들에게 칭찬은 가지고 있는 잠재능력을 키울 수 있는 도구입니다. 그러나 큰 효과가 있는 도구들은 날카로운 칼과 같아서 다룰 능력이 있으면 도움이 되지만, 그렇지 못하면 나와 남을 상처 입히는 무기가 됩니다.

> 나에 대한 칭찬으로 마음이 산란하게 된다면
> 마음의 평화와 윤회에 대한 출리심이 없어지고
> 남들의 재능을 부러워하게 하며
> 그들의 성공에도 분노하게 만든다네. [6:98]

과유불급過猶不及이라는 표현처럼 과한 것은 대개 안 좋은 영향을 미칩니다. 칭찬이 중생의 자존감을 상승시키는 것은 사실이지만, 그것이 과하면 독으로 작용해서 집착을 만들어냅니다. 아무리 좋은 것도 집착의 대상이 되는 순간 예외 없이 분노의 씨앗으로 변합니다. 아무리 훌륭한 진리라고 해도 집착하면 그것은 그저 번뇌의 대상이 될 뿐입니다. 개금불사를 하는데 만약 그 불상에 집착하며 금칠을 한다면 그것은 불상에 똥칠하는 것보다 더한 신성모독입니다. 이렇듯 집착은 모든 청정한 것을 분노라는 불길로 태워버립니다.

청찬에 집착하면 불만이 생겨나고, 이 불만은 마음을 불안하게 합니다. 그렇게 흔들린 마음에 번뇌가 들어오면 치열하게 정진해서 익혀낸 공덕들이 그 힘을 잃어버리게 됩니다.

이렇게 번뇌에 먹히면 일체중생을 돕기로 다짐했던 보살조차 그들에게 질투를 느낍니다. 심지어는 사랑하는 이들의 성공과 명예에 배가 아파서 잠을 자지 못하기도 합니다. 그러니 청찬이라는 칼날을 다루지 못하는 수행자에게 청찬은 지옥문이 될 수 있습니다.

그러므로 우리 가까이에 있으면서
우리가 칭찬받지 못하게 하는 사람들은
악도에 떨어지지 않게 보호해 주는 사람들과 같다네.
해탈을 구하는 우리에게
재물과 명예라는 족쇄는 어울리지 않나니
우리에게 해탈을 가져다주려는 분들에게
어떻게 화낼 수 있겠는가.
우리가 악도로 들어가려 할 때

부처님이 가피로 보내신 것처럼

그들은 악도로 들어가는 문을 막아주는데

어떻게 우리가 그들에게 화낼 수 있겠는가. [6:99-6:101]

내가 마땅히 얻어야 하는 명성을 방해하거나 가로채는 이들이 있다면 우리는 그들을 원수로 여기며 분노할 것입니다. 이미 원수라고 인식된 그들을 용서하라고 하면 용서할 용기가 나지 않을 뿐 아니라, 용서하라고 조언해주는 사람에게조차 원한을 가지게 될지도 모릅니다. 하지만 이것은 분노를 다스리고자 하는 수행자들에게 있어서 크게 잘못된 태도입니다.

살펴본 것처럼 수행자에게 칭찬은 극락의 문이기도 하지만, 지옥문이기도 합니다. 수행자의 의식은 매 순간 변화하는데, 이 윤회의 변화 속에서 칭찬을 소화하지 못하는 순간이 분명 존재할 것입니다. 그럴 때 듣는 칭찬은 마음의 공덕을 모두 태워버립니다. 만약 칭찬이 지옥문이 될 것이라고 예상되는 그 순간, 어떤 이가 칭찬받는 것을 막는다면 어떻게 될까요? 습관적으로 그를 가해자라고 모함하고 분노하면 소용없겠지만, 그 습관적 불만을 인욕하고 지옥문을 닫아준 것에 감사해한다면 우리는 용서의 힘을 키우고 보리심의 완성을 위한 위대한 공덕을 쌓을 수 있게 됩니다.

이제 우리는 칭찬과 비난에 대한 치우친 해석을 바꿔야 합니다. 돈과 칼이 사용하는 목적에 따라 성격이 달라지듯 칭찬과 비난도 마찬가지입니다. 무조건 좋아하거나 무조건 싫어할 이유가 없습니다. 내가 칭찬받지 못하게 막는 그들은 부처님의 도움을 전달하는 이들이고, 지옥문을 막아주는 수호자이며, 보리심을 배울 수 있게 해주는 스승이자 미래의 고통까지 감수하는 보살입니다. 이런 고귀한 분들에게 삼배의 예를 다하지는 못할망정 화를 낸다면 정말 큰 배은망덕일 것입니다.

칭찬을 두려워해야 한다고 말하는 것이 아닙니다. 날카로운 칼이 매번 우리를 상처입히는 것은 아닙니다. 칭찬의 활용법을 잘 익힌다면 나와 남 그리고 일체중생을 구하는 이 길에서 훌륭한 도구가 될 수 있습니다. 중요한 점은 칭찬, 비난, 이익, 손해가 아니라 그에 대한 집착입니다. 모든 것의 원인을 하나로 묻는 습관을 들여보세요. 기억하시죠? 우리의 적은 그저 번뇌일 뿐입니다.

너 때문에 깨진 평화

아침에 일어나자마자 아무 이유 없이 기분 좋을 때가 있습니다. 그런 날은 힘도 넘치고, 마음도 너그러워져서 하루가 행운으로 가득할 것처럼 느껴집니다. 그런데 갑자기 원수 같은 사람에게 전화가 걸려왔습니다. 이 평화는 그렇게 깨져버립니다. 나 vs 너, 과연 평화를 깨버린 사람은 누구일까요?

수행에 방해가 된다고 주장하며
그들에게 화를 내서는 안 되나니
그들을 통해서 우리는 인욕을 수행하는데
인욕보다 더 좋은 수행은 없기 때문이라네.
만약 내가 자신의 결함 때문에 적에 대해 인욕하지 못한다면
공덕을 쌓는 인욕 수행을 막는 것은
적이 아닌 우리 자신이라네. [6:102-6:103]

명상센터에 가면 흔히 일어나는 작은 다툼들이 있습니다. 그 다툼의 원인은 수행하는 데 방해가 되니 조용히 움직이고, 기침도 작게 하라는 것입니다. 이런 다툼을 만드는 이들은 대부분 초심자인 경우가 많습니다. 수행이 조금이라도 무르익은 사람에게 외부 소음이라는 장애물은 아무런 문제가 되지 않고 오히려 적절한 수행

주제가 되기도 합니다.

집중 수행을 할 때 자신의 마음이 흔들리는 것은 외부적 소리 때문일까요, 아니면 그것에 반응하는 마음 때문일까요? 1차 자극, 2차 자극 기억나시죠? 우리의 마음이 흔들리는 것은 마음의 작용 때문이지, 외부적 자극 때문이 아닙니다. 2차 자극에서 싫은 반응이 일어나는 이유도 조용하면 좋겠다는 집착과 시끄러운 자극이 서로 부딪히기 때문입니다. 어쩌면 우리는 집중이 잘 안 되는 것에 불만을 느껴서 원망할 대상이 필요한 것일지도 모릅니다. 산만한 것이 오직 자신의 책임이고, 자신의 힘이 부족해서 분노에 잡아 먹혔다는 진실을 인정하면 자존심이 상할 수 있으니까요.

적이 인욕이라는 공덕을 쌓는 원인이라면
그가 없으면 수행할 원인이 없는 것이고
그가 있으므로 이 수행을 할 수 있는데
어찌하여 그가 우리 수행의 장애라 하는가. [6:104]

누군가를 용서한다는 것은 오류를 교정하는 것입니다. 우리는 잠깐 방심하는 순간 고통을 경험하면 가해자 때문이라고 착각할 수 있습니다. 이 착각을 근거로 원망과 분노는 차곡차곡 쌓이는데, 해결되지 않아 썩어버린 감정의 고름들은 내 마음을 오염시키고 결국 나를 고통스러운 번뇌의 감옥에 가둬버립니다.

가해자는 가해자가 아닌 피해자입니다. 진실은 이렇시만 그를 가해자라고 착각하는 입장에서는 진실이 그 반대가 됩니다. 사람들은 자신이 집착하고 있는 것을 진실이라고 믿는 경향이 있습니다. 진실을 거꾸로 받아들이는 우치, 집착, 그리고 분노와 그 부산물들은 모두 번뇌라는 팀의 구성원들입니다. 이들로 인해 나를 비롯한 모든 중생은 끝없이 고통을 경험하는 것입니다.

인욕 수행은 탐진치를 해결해주는 뛰어난 효능이 있습니다. 그래서 이 용서의 힘이 커질수록 우리는 열반의 고향에 가까워지게 됩니다. 그런데 이렇게 위대한 공덕을 지니게 하는 인욕 수행은 언제 할 수 있을까요? 원수 같은 그 사람과 만나지 않으면 가능해질까요? 마음을 평화롭고 즐겁게 해주는 이들과 함께하면 가능할까요? 물론 가족들과의 관계 속에서도 때때로 인욕이 필요하기는 하지만, 그 난이도는 원수와 비교할 수 없을 것입니다.

진정한 인욕 수행은 우리가 가해자라고 믿는 그 사람과 접촉할 때 가능합니다. 열반으로 되돌아가고자 노력하는 수행자들에게 있어 그 사람은 황금알을 낳는 거위입니다. 원수 없이는 이 위대한 인욕의 공덕을 쌓을 기회 자체가 없는 것입니다.

분노 바이러스의 백신

'깨침병'에 걸린 수행자들이 있습니다. 이들은 깨달음과 수행에 너무 집착한 나머지 남들에게 이를 강요하고, 기준대로 살지 않는 이들을 경멸하기도 합니다. 탐진치를 줄이는 것이 수행인데 이에 집착하여 어리석게 분노하기 때문에, 그들은 차라리 수행을 안 하는 게 좋은 선택일지도 모릅니다.

이 '깨침병'에 걸린 사람들은 수행을 핑계로 삼는 경우가 많습니다. 수행처에서 눈에 거슬리는 상대를 만나면 '저 사람만 없으면 내가 깨칠 텐데…'라고 생각하는 것입니다. 하지만 수행에 방해된다는 이 핑계는 공덕의 원천을 부정하고, 나아가 위대한 공덕을 적극적으로 수행할 기회 자체를 막습니다. 그러니 수행자는 이 생각의 오류를 조심해야 합니다.

때맞추어 나타나는 걸식은

보시를 수행하는 이들에게 방해가 되지 않듯이

계를 주는 것이 계를 받으려는 이들에게 방해가 되지 않는다네.

세상에 구걸하는 이들은 많지만

우리를 해치는 사람들은 드무나니

내가 해를 끼치지 않으면

누구도 나에게 장애를 가하지 않기 때문이라네. [6:105-6:106]

'도움이 필요한 사람을 만나지 않으면 우리는 보시바라밀의 공덕을 쌓을 기회가 없습니다.' 이것을 이해하고 인정하는 것은 어렵지 않죠? 여기에는 해결되지 않은 감정들이 없습니다. 하지만 똑같은 논리로 '나에게 피해를 주는 그들이 없으면 나는 인욕 수행을 할 수 없다.'라고 하면 우리는 쉽게 인정하지 못합니다. 이는 논리가 이해되지 않거나 틀렸기 때문이 아니라, 그저 마음에 해결되지 않은 분노라는 감정의 찌꺼기 때문에 인정하고 싶지 않은 것입니다.

인욕바라밀의 기회는 매우 희유합니다. 세상에 아무 이유 없이 나에게 해를 끼치는 사람은 거의 없습니다. 물론 요즘 '묻지마' 폭행 사건들이 벌어지긴 하지만 상식선에서의 모든 일은 그저 작용에 대한 반작용입니다. 즉, 누군가가 나에게 인욕의 기회를 제공한다면 그것은 원한의 묶임에 의한 반작용이라는 것입니다. 이것은 내가 누군가에게 분노의 요소를 제공하지 않는 한 해악을 당하는 경우는 매우 적고, 강렬한 인욕 수행의 기회도 적다는 의미입니다.

내가 저지른 업력의 폭풍에 휘말려 그는 나에게 해악의 반작용을 저질렀습니다. 다른 누구도 아닌 나의 업력이 그를 끌어들인 것입니다. 그는 이 업력과 분노의 피해자입니다. 그는 내게 인욕의 기회를 제공해준 스승이기도 합니다.

그는 이 기회를 제공하고 다시 그 업력으로 인해 미래에 피해를 볼 것이기에 위대한 희생자입니다. 만약 내가 이 기회를 살려 열반으로 나아가는 디딤돌로 삼는다면 그는 한 명의 부처님을 탄생시킨 고귀한 성인의 어머니가 됩니다. 그는 결코 가해자가 아닌 이런 위대한 명칭들을 품을 수 있는 존재입니다. 번뇌에 속아 그를 원수라고 모함하는 것은 이제 그만해야 합니다.

원수를 만나는 기쁨

청주 용화사에서 이 「인욕품」을 강의하고 끝낼 무렵에 저는 이런 축원을 자주 했습니다.

"다음 주에 만나기 전까지 꼭 화나는 일들이 생기시기를 축원합니다!"

준비가 덜 되었을 때 원수를 만나면 우리는 분노의 감옥에 깊숙하게 갇힙니다. 하지만 분노를 다룰 준비가 충분히 될 때 원수를 만나면 외나무다리는 우리를 행복으로 건너가게 하는 교각이 됩니다.

용서는 그가 아닌 내 행복을 위해 실천하는 것입니다. 용서는 삶의 질을 높여주고 즐겁게 만듭니다.

갑자기 집안에 나타난 보물처럼
손 하나 까딱하지 않았는데
적들이 나타나 우리의 수행을 돕고 있으니
우리는 적에 대해 기뻐해야 하리라. [6:107]

현대인들이 가장 반가워하는 사람은 택배 아저씨라고 합니다. 그는 우리에게 선물 같은 물건을 전달하기 때문입니다. 용서를 배우기를 희망하는 이들은 삶에서 종종 등장하는 택배 아저씨 같은 원수에 집중해야 합니다. 우리는 택배 아저씨와 그가 가져다주는 물건을 명확히 구분할 수 있는 지혜가 있습니다. 그 지혜를 원수와 그가 가져다주는 인욕의 기회를 구분하는 것에 써 보세요.

'원수는 외나무다리에서 만난다.'라는 속담처럼 원수는 종종 우리를 찾아옵니다. 그는 우리에게 상자를 하나 주는데, 이 상자 속 내용물의 명칭은 내가 열어보고 정하는 것입니다. 만약 그를 용서하지 못했거나, 용서할 생각조차 없다면 물건은 시한폭탄이 됩니다. 하지만 용서하고자 한다면 상자는 위대한 열반의 공덕이 됩니다. 지금까지 선물 받은 상자가 시한폭탄이었다면 그것은 원수의 잘못이 아니라 내가 용서하는 힘이 미숙했던 것입니다. 돼지가 진주 목걸이의 가치를 알아보지 못하듯, 중생은 원수라는 택배 아저씨의 고마움을 알아차리지 못했을 뿐입니다.

인욕하려면 적과 나 둘 다 필요하므로
인욕의 과보는 둘 다 받게 되지만
그 과보는 적에게 먼저 주어야 하나니
그가 인욕의 원인이기 때문이라네. [6:108]

나와 남 그리고 세상을 용서하는 순간, 우리는 거대한 해방감을 맛보게 됩니다. 오랫동안 나를 괴롭히던 분노의 감옥에서 벗어났기 때문입니다. 이 해탈의 감각은 정말 큰 공덕을 지니고 있는데, 이 공덕은 나 혼자 가져야 할까요? 불교에는 '회향'이라는 단어가 있는데, 이것은 기도와 수행을 통해 생긴 공덕을 어느 곳에 쓸지 결정하는 말입니다. 『자비도량참법』에서는 이 회향을 '친척에게 음식을 보내는 것과 같다.'라고 표현합니다. 저는 이를 현대적으로 응용해서 회향은 '공덕의 계좌이체'와 같다고 말합니다. 이 우주에는 공덕의 통장이 있습니다. 선행과 기도 그리고 수행으로 공덕의 통장 잔고는 높아집니다. 이 높아진 잔고로 무엇을 해야 할까요? 우리는 수행하고 중생을 구제할 힘과 열반의 행복으로 나아가는 원동력을 구입해야 합니다.

이 공덕으로 재산을 얻거나, 사랑을 쟁취하거나, 명예를 얻는 것은 정말 어리석은 일입니다. 이것은 금을 팔아서 모래를 얻는 것과 같습니다. 기억하시나요? 재산과 명예, 사랑과 성공은 그저 팔풍 중의 일부로 수행자의 마음을 뒤흔드는 것들입니다. 이런 부산물들이 생기는 것을 막거나 피할 필요는 없지만, 부산물에 매몰되어 정작 중요한 것을 놓치면 안 됩니다.

부처님께서는 보리심의 완성을 위해 수행하는 이들에게 모든 것을 아낌없이 보시하기를 권했습니다. 논에서는 그 보시물을 세 가지로 구분하는데, 그 세 가지는 재물, 목숨, 공덕입니다. 가장 쉬운 보시는 재물을 보시하는 것입니다. 그다음으로는 이 육체와 목숨을 보시하는 것이고, 가장 어려운 것이 공덕을 보시하는 것입니다.

지금 이 순간 열반에 머물고 있지만 이를 인식하지 못했던 중생이 수행을 시작하면 그의 가치관은 변하기 시작합니다. 전에는 재산과 명예, 사람들 간의 관계가 중요했지만, 이제는 그것보다 열반으로 나아갈 수 있는 공덕이 더 소중해집니다. 완전한 용서에 이르기를 희망하는 이들에게 제일 중요한 것은 바로 공덕입니다.

부처님께서는 이런 소중한 공덕을 올바른 곳에 쓰기를 당부하시면서 모든 보살의 올바른 회향처로 세 가지를 제시해 주셨습니다. 이 세 가지는 복전福田이라고 표현하는데, 많은 공덕의 열매를 열리게 하는 질 좋은 토양과 같습니다. 부처님께서는 삼보와 부모 그리고 중생이 위대한 복전이니 이곳에 회향하라 권하셨습니다. 전통적으로 부처님과 가르침과 승단이 위대한 복전이라는 것은 많은 불자들의 신행에 의해 증명되었습니다. 불자들이 이 복전에 의지해서 자신의 삶을 행복하게 가꾸는 데 성공했기 때문입니다.

이 논의 특별한 점은 부모와 중생을 복전으로 말하고 있다는 점입니다. 이 논의 가르침은 일반적인 범부가 아닌, 일체중생을 최상의 행복으로 이끌겠다는 보살을 대상으로 하고 있습니다. 희유하고 소중한 인간의 삶을 선물한 부모는 보살에게 반드시 은혜를 갚아야 하는 복전입니다. 또한 보리심 수행은 구제해야 할 중생이 없으면 성립되지 않기에, 중생은 끝없이 공덕을 만들 수 있는 복전이 분명합니다.

보살이 인욕을 수행하면 얻게 되는 공덕은 매우 거대합니다. 그러면 그 공덕을 어디로 회향하는 것이 맞을까요? 논에서는 이 거대한 공덕을 만들 수 있도록 인욕의 기회를 선물한 원수에게 공덕을 회향해야 함을 밝히고 있습니다. 이는 '기브 앤 테이크give and take'라는 원칙에 비추어 봐도 상식적인 보답이고, 보살의 일대사인연을 해결한다는 관점에서 보더라도 필수적인 일입니다.

보리심을 키우는 여섯 가지 명상법의 내용을 기억하시나요? 모든 중생은 전생의 어머니입니다. 그렇다면 내게 해악을 끼친 원수역시 전생의 어머니일 것입니다. 보살에게 그는 구해야 할 중생입니다. 그는 자연 상태의 열반에 도달해 있기에 귀의해야 할 삼보의씨앗이 됩니다. 원수는 세 가지 복전의 얼굴을 모두 가지고 있습니다. 이제 원수를 외나무다리에서 만나는 것을 두려워해서는 안 됩니다. 그것은 '자신이 용서할 준비가 되지 않았다.'라는 반증일 뿐입니다. 세상을 용서하고 열반의 고향으로 되돌아가려는 이들은 온갖 수단을 활용해서 공덕을 지어야 합니다. 마음이 준비된 이들에게는 외나무다리에서 만나는 원수가 택배 아저씨만큼이나 반가울 것입니다. 인욕의 기회를 가져다줄 원수의 등장을 기뻐하시길바랍니다.

우연히 생긴 보석은 내 것일까?

거지가 쓰레기 더미에서 우연히 다이아몬드를 찾았습니다. 다이아몬드의 전 주인은 거지를 도울 의도가 없었지만 돕게 되었습니다. 왜냐하면 이제부터 그 다이아몬드는 거지의 소유물이 된 것이고, 이를 통해 배고픔을 이겨낼 기회가 생겼기 때문입니다.

적에게는 우리의 수행을 도울 의도가 없으므로
그를 존중할 필요가 없다고 주장한다면
어찌하여 성취의 원인인 성스러운 다르마에는 공양하는가. [6:109]

앞에서 누군가가 나를 칭찬할 때 우리는 그가 함께 기뻐해 주는 마음을 좋아한다는 사실을 살펴봤습니다. 그런데 이런 의문이 생깁니다. 과연 그 기쁨은 그의 마음을 기쁘게 하나요, 아니면 나의 마음을 기쁘게 하나요? 남들의 마음속 기쁨을 아무리 희망해봐야 그것은 그저 남의 목장의 소를 헤아리는 일에 불과합니다. 이것에 집착하다가는 오히려 자신의 마음속 기쁨을 잃어버리기도 합니다.

상대방의 의도는 우리에게 아무런 영향을 끼치지 못합니다. 의도는 1차 자극입니다. 그 의도로 벌어지는 행위는 2차 자극, 행위에 대해 일어나는 마음은 3차 자극입니다. 우리는 이 마지막 자극에 반응하여 마음이 고통스럽거나 행복해지는 것입니다. 그렇기에

233

우리의 고통과 행복의 가장 직접적인 원인은 바로 내 마음의 반응입니다.

원수는 분명 우리에게 인욕 수행의 기회를 제공했습니다. 만약 인욕 수행에 성공하고도 그 원수를 스승이나 은인으로 존중하지 못한다면, 성공한 척해도 여전히 진심 어린 용서는 이루지 못한 것입니다. 만약 진정으로 원수를 용서한다면 사랑하는 이처럼 좋게 평가하지는 못해도 객관적인 가치만큼은 인정할 수 있을 것입니다.

중생이 열반으로 나아가기 위해 의지하는 정법은 중생을 구제하려는 의도가 없습니다. 원수 또한 그 해악을 바탕으로 우리를 구제할 의도가 없습니다. 이렇게 정법과 원수는 똑같이 의도치 않게 우리를 돕습니다. 그런데 왜 우리는 삼보는 복전이라고 예를 갖추고 원수에게는 비난하는 것일까요?

만약 정법은 행복을 선물하고, 원수는 재앙을 선물해서 차별한다면 이는 일견 일리가 있습니다. 하지만 정법 역시 만능이 아니기에, 소화하지 못하거나 오해하는 누군가에게는 분명 고통이 됩니다. 정법과 원수 모두 그 자체로 행불행이 정해진 것이 아닙니다. 그 명칭을 정해주는 것은 오직 나의 반응에 달려 있습니다.

가장 소중한 보석

적의 의도는 우리를 해치는 것이었으므로

그를 존중하지 말아야 한다면

그가 의사처럼 우리를 도우려 했다면

어떻게 우리가 인욕을 수행할 수 있었겠는가.

우리가 인욕을 수행하는 것은

나쁜 의도를 갖고 있는 이들 때문이니

그들이 곧 인욕의 원인이므로

성스러운 다르마처럼 그들을 존중해야 한다네. [6:110-6:111]

삼보를 존중하는 것은 아무 이유 없이 이루어지지 않습니다. 물론 불교를 접하자마자 저절로 깊은 신심이 일어나는 사람도 있겠지만 이는 극히 소수입니다. 대다수 불자는 이 신심의 뿌리가 깊어지기까지 다양한 경험적 근거를 필요로 합니다. 근거는 각자의 이익이 되었던 경험을 말합니다.

누군가 삼보를 존경하는 동안 돈이나, 명예, 사랑을 얻었을 수 있습니다. 혹은 수행을 성취해서 마음이 평화로워졌을 수 있습니다. 삼보를 존경하는 마음으로 기도하고 수행하면 분명 공덕이 생깁니다. 그리고 이 공덕으로 삶의 질은 높아집니다. 이처럼 삼보를 존중하게 되면서 삶이 변화하는 경험을 할 때 신심의 뿌리가 깊어지는 것입니다.

삼보를 존중하는 것도 이러한데 원수를 존중하는 것 역시 갑자기 이루어질 수는 없습니다. 이를 위해서는 원수를 직접 용서해보고, 분노의 감옥에서 벗어나서 자유와 행복을 경험해 봐야 합니다. 보리심 수행이 삶에 어떤 영향을 미치는지를 직접 증명할 때 뿌리 깊었던 이기심은 이타심으로 변할 수 있습니다.

부처님께서는 전통이 깊거나 권위가 있다고 해서 특정 가르침을 무작정 믿으면 안 된다고 말씀하셨습니다. 심지어는 본인의 설법 또한 무작정 믿지 말라고 하셨습니다. 공감되고 이해되는 내용이 있다면 이를 먼저 가설로 받아들여서 충분히 자신의 삶에 적용해 봐야 합니다. 그리고 이를 통해 삶이 행복하게 바뀐다면 그 가설은 증명이 된 것이니, 맹신이 아닌 확신이 되는 것입니다.

원수를 용서하는 과정을 겪어 보지 않은 이들이 어떻게 원수가 스승이 될 수 있을까요? 원수만 보면 가슴이 먹먹하고 잠도 못 자는데, 어떻게 그를 존경할 수 있을까요? 그러므로 흉내 내어 용서하는 척하기보다는 용서의 조건들을 갖추는 수행에 몰두해야 합니다.

이 논의 가르침을 공부할 때는 처음부터 자신에게 논리를 적용하려고 시도하면 안 됩니다. 섣부르게 시도하면 강렬한 심리적 저항에 시달릴 것입니다. 이 논리들을 남의 이야기라고 생각해서 객관적인 시선으로 논리 놀이를 하듯 반복해서 공부해야 합니다. 이를 통해 논리가 충분히 무르익으면 생각 길이 바뀌게 되고, 이 생각 길이 변화될 때 비로소 자신의 삶에 적용해보고 싶은 욕구가 생깁니다. 이 과정을 생략한 채 억지로 적용하면 오히려 이 길을 더디게 가게 하는 방해 요인이 될 것입니다. 그래서 우리는 욕심내기보다는 이 길을 천천히 따라갈 필요가 있습니다.

중생이라는 복전이
승자의 복전이라고 부처님께서 말씀하신 까닭은
그들을 기쁘게 하는 것으로
많은 수행자들이 원만하게 피안에 도달했기 때문이라네. [6:112]

부처님께서는 보살에게 가장 중요한 복전으로 중생을 말씀하셨습니다. 보살 수행에 있어 중생이 없으면 최상의 깨달음에 도달하는 길 자체가 막히기 때문입니다.

이 최상의 여정을 간단히 표현하면 다음과 같습니다.

[성불의 길]

보리심을 일으킨 보살이라면 '중생'이라는 명칭을 고정관념으로 바라보면 안 됩니다. 그들은 행복의 여정을 만들어주는 길이자 스승입니다. 또한 은혜로운 어머니이고 함께 사랑을 나눴던 친구이자 애인입니다. 이 최상의 복전이 있기에 '보살'이라는 명칭이 성립될 수 있는 것입니다. 그러니 이제부터는 중생이라고 무시하거나, 원수라고 모함하지 않았으면 합니다. 우리에겐 그의 의도보다는 그가 주는 이익이 중요합니다. 중생은 우리의 소중한 보물입니다.

올라간 것은 반드시 떨어지기 마련입니다.
무상의 흐름 속에 영원불멸한 것은 단 하나도 없기에
우리가 가치 있게 여기는 모든 것은 무너지기 쉬운 모래성과 같습니다.

4

세상을 사랑하기

부처님의 시선으로

중생을 사랑하는 마음

'귀의歸依'라는 표현은 불자에게 있어 시작과 끝을 꿰뚫는 행위입니다. 아기가 자라는 동안에 부모에게 의지하듯, 불자들은 처음엔 삼보에 의지해서 수행해야 합니다. 불자로서 삶을 시작할 때 '귀의'는 '의依'자에 중심을 두어 '의지依支하다'는 의미가 강합니다. 반면 불자로서 삶을 완성하는 순간의 '귀의'는 '귀歸'자에 중심을 두어 '열반의 고향으로 되돌아가는 것'이라는 의미로 쓰입니다. 그리고 이러한 귀의의 여정 중간에 불자는 보리심이라는 마음에 의지해서 다시 새롭게 보살로서 도약합니다. 부처님에게 보호받던 중생이 부처님의 일을 돕는 보살의 자화상으로 변하는 것입니다. 그렇다면 이제 보살은 무엇에 귀의할까요?

불법승 삼보에 귀의하는 마음은 여전하지만, 보살은 중생에게도 귀의하게 됩니다. 중생이라는 존재가 없으면 보살은 할 일이 없어지고, 그렇게 보살의 일을 못 하면 더는 고귀한 목적을 추구할 수 없습니다.

[귀의의 변화]

모든 중생과 승자에 의해 불법을 성취하는 것은 같은데
승자이신 부처님은 존경하면서 중생은 왜 존중하지 않는가.
물론 목적은 같지 않지만
중생도 같은 결과인 성불로 인도하므로
공덕의 터전이라는 점에서
그들도 부처님과 동등하다네. [6:113-6:114]

세상의 모든 열매는 대지를 어머니로 삼습니다. 씨앗을 심을 대지 자체가 없으면 열매가 열리지 못하기 때문입니다. 마찬가지로 보살에게 중생은 대지의 역할을 하기에 매우 중요합니다. 이미 열

반의 길을 완성하신 부처님께서는 이 중생의 대지를 활용하는 성
불 농사법을 안내해주셨으므로 존경받아 마땅합니다. 그렇다면 대
지와 올바른 농사법 중 무엇이 더 중요할까요? 사실 둘 다 중요합
니다. 하지만 보살이 존중함에 있어 부처님과 중생을 차별한다면
이것은 분명히 문제입니다. 농사법을 알려주신 부처님과 대지와
같은 중생이 둘 다 똑같이 중요하다면 소중히 여기는 정도도 평등
해야 합니다. 그러니 보살은 부처님을 존중하는 만큼 중생을 아끼
고 사랑해야 합니다.

무한한 사랑을 갖고 있는 한
중생을 공경하는 데서 얻는 공덕은
중생의 위대함 때문이고
우리가 부처님을 믿는 데서 얻는 공덕은
부처님의 위대함 때문이라네. [6:115]

『묘법연화경』에는 다양한 유형의 보살이 등장하는데, 그중 상불
경보살이라는 인물은 매우 특이합니다. 경전 속에는 이 보살의 일
상이나 수행에 관한 내용이 전혀 언급되지 않습니다. 오직 단 하나
의 수행법만이 소개되는데, 그것은 '모든 중생을 예외 없이 공경하
는 것'입니다.

앞에서 중생은 이미 열반의 성품을 지닌 부처님임을 밝혔습니

다. 하지만 우리는 중생을 바라볼 때 그들을 부처님이 아닌 중생으로 바라봅니다. 열반의 하늘을 가리고 있는 번뇌의 구름에 속아서 하늘이라는 존재를 잊었기 때문입니다. 1년 내내 먹구름이 낀 세상에서 하늘의 존재를 믿는 사람은 매우 드물 것입니다. 이처럼 중생이 지닌 불성을 못 볼 때 상불경보살처럼 중생을 부처님과 똑같이 공경하는 수행을 실천하는 것은 매우 어려운 일입니다.

보살은 중생을 통해 세상을 바라볼 줄 알아야 합니다. 중생은 개별적 존재이기도 하지만, 온 세상과 연결된 연기적 존재이며 세상의 일부입니다. 그러므로 중생 개개인을 대하는 행위는 세상 전체에 영향을 미치니, 보살은 그들을 보호하는 세상을 봐서라도 중생을 존중해야 합니다. 중생을 사랑하고 아끼는 것은 여러 불보살과 세상의 은혜를 갚는 것이고 이것이 보살에 어울리는 고귀한 마음입니다.

중생은 온 세상과 연결된 연기적 존재입니다.
중생을 대하는 행위는 세상 전체에 영향을 미칩니다.

시선에 따라 달라지는 세상

그들은 둘 다 성불로 인도하므로
중생이 부처님과 같다고 하지만
실제로 부처님과 동등한 것은 아니니
부처님은 무한한 공덕의 바다이기 때문이라네.
그러나 무한한 공덕의 일부라도 어떤 중생에게 나타나면
삼계를 다 바쳐 공양해도 충분하지 않을 것이네. [6:116-6:117]

중생과 부처님은 다를까요? 부처님께서는 불안으로 바라보는 세상을 설명하실 때 이런 표현을 하셨습니다.

"일체 모든 중생은 이미 완전한 부처님이다."
이것이 바로 부처님께서 바라보는 세상입니다. 열반의 세계는 불완전한 것 없이 이미 완벽하고 아름다우며, 존경받아 마땅한 존재들로 가득합니다.

하지만 중생의 눈에 이 세상은 완벽하지 않습니다. 오히려 세상은 부족한 것이 많고, 부조리가 넘쳐납니다. 과연 누구의 주장이 진실인 걸까요?
부처님께서는 무한한 허공과도 같은 공덕을 이미 완성하신 분입니다. 그리고 중생은 무한한 공덕의 보석을 품은 미개발 광산과도 같습니다. 이 둘의 차이는 공덕의 크기에 있는 것이 아닙니다. 단지 씨앗과 열매 중 어떤 상태인지에 따른 차이입니다. 수박과 수박 씨앗은 똑같은 건가요? 그것은 완전히 다르지만, 같다고 할 수도 있습니다. 이런 불가분의 관계 속에서 중생과 부처님은 서로 존중합니다. 부처님은 중생을, 중생은 부처님을 사랑하고 존경하는 것입니다. 그렇다면 이 사이에 끼어 있는 보살이라는 중생은 어떻게 해야 할까요?

수박 씨앗은 아직 맛을 내지는 못하지만 수박의 잠재적인 면을 모두 갖고 있고, 일부는 그 맛을 표현하고 있습니다. 마찬가지로 중생도 이미 부처님의 무한한 공덕 중 일부를 현실에서 사용하고 있습니다. 만약 중생이 삶 속에서 자비로운 마음을 일으킨다면 보살은 그의 눈빛에서 관세음보살의 자비심을 엿볼 수 있어야 합니다. 바다와 같은 공덕을 이미 지닌 중생을 어떻게 사랑하지 않고 배길 수 있을까요?

이 사랑스러운 중생은 미래에 부처님의 거룩함을 완전히 성취할 것이 예측됩니다. 이런 존재를 알아보는 눈 없이 어떻게 공덕 부자가 될 수 있을까요? 복전에 공양하는 것을 투자의 관점으로 바라본다면, 삼보의 복전은 이미 완성된 투자처지만 중생이라는 복전은 앞으로 상승할 여력이 넘치는 초기 투자처입니다. 보살은 공덕 부자이신 부처님께서 보장하시는 중생이라는 복전에 공경을 아끼지 말아야 합니다.

삼보에 귀의하는 마음은 불자의 생명입니다. 이 마음을 잃어버린다면 이제는 불자가 아닙니다. 그렇다면 보살의 생명은 무엇일까요? 그것은 중생에 대한 사랑입니다. 광대한 중생에게 최상의 행복을 선물하고 싶은 보리심은 바로 보살의 생명입니다. 이 마음이 없는 존재는 보살이라는 이름을 지닐 자격이 없습니다.

부처님께서는 중생이 이미 부처라고 말씀하셨습니다. 만약 눈먼 사람의 주장과 눈뜬 사람의 주장이 서로 다르다면 당연히 눈뜬 사람의 의견을 받아들여야 합니다. 자신의 눈이 멀어서 진실이 인식되지 않더라도 말입니다. 열반의 하늘을 꿰뚫어 보는 것은 이처럼 보이지 않더라도 그 진실을 믿고 보기 위해 노력하는 것에서 시작됩니다. 보살의 생명은 중생의 복전에 대한 귀의입니다.

어려울 때 돕는 공덕

부처님께서는 이미 위대한 공덕을 완성하셨습니다. 중생은 종종 그 가능성을 보이기도 하지만, 아직 위대함과는 거리가 멀어 보입니다. 이런 상황에서 부처님과 중생 중 누구에게 공양하는 것이 더 공덕이 클까요? 당연히 부처님께 공양하는 것이 더 큽니다. 하지만 중생에게 공양하는 것도 만만치 않게 큰 공덕이 생기는데, 그것은 세 가지 이유 때문입니다.

첫째는 부처님께 공양 올리기는 쉽지만, 중생에게 그런 생각을 일으키는 것은 어렵습니다. 부처님을 보면 누구나 존경하는 마음이 일어납니다. 하지만 중생을 공경하기 위해서는 지혜와 노력이 필요합니다. 그것은 저절로 일어나지 않기 때문에 이 마음을 일으키는 것 자체가 큰 공덕이 됩니다.

둘째는 부처님께서는 이미 충분한 공양과 존경을 받으시는 공덕 부자입니다. 하지만 중생은 공양과 존경에 배고픈 존재입니다. 부자에게 만원을 보시하면 별다른 인상을 주지 못하지만 가난한 이에게 만원을 보시하면 도움이 됩니다. 그러므로 공양받는 이의 입장에서 중생에게 향하는 그 공덕은 큰 감사함을 일으킵니다.

셋째는 부처님께서는 이미 부처로서 완성되셨기에, 우리의 공경과 공양이 특별한 영향력을 행사하지 못합니다. 하지만 중생은 여전히 갈 길이 멀었으므로 공양과 공경은 그의 일대사인연을 해결하는데 큰 디딤돌이 되어 그의 열반에 선한 영향력을 행사한다는 것입니다.

중생은 부처님의 공덕 중에서 가장 좋은 면을 갖고 있으므로
우리가 중생을 공경하는 것은 너무도 당연한 것이네. [6:118]

부처님과 중생은 열반을 완성했는지의 여부인 상구보리에서 분명한 차이를 보입니다. 하지만 다른 이의 열반을 돕는 하화중생의 측면에서는 차별이 없습니다. 부처님께서는 보살에게 열반의 농사법을 알려주셨고 중생은 열반의 농사를 지을 토양이 됩니다. 이 둘의 역할은 다르지만, 보살이 열반으로 나아가는 것에 도움이 된다는 점에서는 완전히 평등합니다.

부처님께서 사랑받으시는 이유는 무엇일까요? 중생은 이익 있는 것을 사랑하는 성향이 있습니다. 만약 부처님께서 중생을 구제하지 않고 조용히 삶을 마치셨다면 과연 중생이 부처님을 사랑했을까요? 부처님은 두 가지 이유에서 '부처'라고 불립니다. 첫째는 열반의 꽃을 완전히 피우셨기 때문이고, 둘째는 그 방법을 중생에게 가르치셨기 때문입니다. 중생이 부처님을 사랑하는 이유는 부처님의 가르침이 삶에 이익이 되기 때문입니다.

중생이 부처님의 공덕에서 가장 좋은 면을 지녔다는 것은 이 부분을 말합니다. 비록 중생은 열반을 완성한 공덕을 지니지는 못했

지만, 그 존재만으로도 보살의 삶에 큰 이익을 줍니다. 기억나시나요? 중생, 그중에서도 나에게 해악을 끼치는 원수들은 미래에 겪을 고통을 감수하고 우리에게 용서를 실천할 기회를 마련해 줍니다. 중생이라는 복전은 이처럼 보살에게 큰 이익을 주지만, 그들은 여전히 도움에 목마른 상황입니다.

어려울 때 받은 도움은 큰 감동을 줍니다. 감사한 마음으로 이미 부자이신 부처님보다는 가난한 중생을 도와주는 건 어떨까요?

은혜를 갚는 일석삼조의 길

부처님께서는 공덕을 회향할 세 가지 복전을 말씀하셨는데, 이는 모두 보은報恩에 가깝습니다. 세가지 복전의 첫째는 삼보에 대한 회향입니다. 우리는 부처님을 비롯한 삼보로부터 큰 은혜를 입었습니다. 삼보는 중생이었던 우리를 불자로, 보살로 변화시켰습니다. 번뇌의 노예로 살아가던 우리를 일체중생을 구제하는 일대사인연의 길로 인도하셨고, 그 시작의 의지처가 되어 과정을 안내해 주었습니다. 둘째는 부모님에 대한 회향입니다. 부모님 역시 우리에게 큰 은혜를 베풀었습니다. 양육과 교육 그리고 베풀어주신 사랑을 차치하고서라도 위대한 삶의 목적을 이룰 수 있는 인간 삶의 희유한 기회를 선물 받은 것은 정말 큰 은혜입니다. 셋째는 중생에 대한 회향입니다. 중생은 보살이 일대사인연을 이룰 수 있는 근본적인 원동력입니다. 중생 없이는 최상의 행복을 이루기 위한 노력 자체가 불가능하다는 점에서 중생은 최상의 복전입니다.

우리에게 무한한 행복을 주시는 부처님께
보답하는 가장 좋은 길은
중생을 행복하게 해주는 것 말고
무슨 방법이 있겠는가. [6:119]

부처님과 부모, 중생의 은혜를 한꺼번에 갚는 방법이 있습니다. 그것은 바로 중생을 용서하고 사랑하며 돕는 것입니다.

그 이유는 간단합니다. 우선 무한한 행복을 주시는 부처님께서 우리에게 원하는 것은 바로 중생을 돕는 것이기 때문입니다. 또한, 모든 중생은 전생의 어머니이기에 중생을 돕는 것은 부모에게 은혜를 갚는 것입니다. 중생만 도우면 우리는 부처님과 부모의 은혜까지 모두 갚을 수 있습니다.

중생을 위해 여러 번 목숨을 버리시고
고통 속에 들어가신 부처님께 보답하는 길은
중생이 우리를 해치더라도
그들의 행복을 위해 노력하는 것이라네.
우리보다 훨씬 위에 계신 부처님께서도
자신을 생각하지 않으시고 중생을 위하시는데
어찌하여 우리는 오만하게 행동하며
중생에게 봉사하지 않는가. [6:120-6:121]

세상을 모두 용서함으로써 열반의 고향으로 되돌아가려는 마음을 품은 것은 부처님께서 완성하신 공덕을 나도 성취하고 싶기 때문입니다. 이 최상의 행복이라는 열매를 얻고 싶다면 우리는 부처님께서 실천하셨던 수행의 씨앗들을 배워야 합니다. 세상의 모든 부처님도 성불하기 전에는 중생이었습니다. 우리와 똑같이 번뇌의 노예였으나, 보리심을 일으켜서 번뇌와의 전쟁을 선포하고 수행에 매진했습니다. 그 수행의 목적은 중생을 구제하는 것이었습니다. 모든 부처님의 전신은 보리심으로 오직 일체중생을 완전히 사랑하기 위해 노력했습니다. 부처님의 행복을 누리고 싶다면 우리도 이 사랑을 본받아야 합니다.

부처님께서는 중생이 기뻐하면 기뻐하시고
중생이 괴로워하면 괴로워하시니
중생을 기쁘게 하는 것은 부처님을 기쁘게 해드리는 것이고
중생을 괴롭히는 것은 부처님을 괴롭히는 것이라네. [6:122]

부처님께서 이 세상에 출현하신 일대사인연을 명확하게 알지 못하면 착각에 빠질 수 있습니다. 부처님께 공양 올리고 공경하는 것이 은혜를 갚는 방법이라고 여기는 것인데, 이는 중생의 관점입니다. 부처님을 기쁘게 할 수 있는 길은 오직 하나입니다. 신심 깊은 불자로서 부처님을 기쁘게 하고 싶나요? 웃으시는 얼굴을 보고 싶나요? 그렇다면 중생이 행복할 수 있도록 도와주세요.

온몸이 불에 타고 있다면

어떤 욕망으로도 마음을 즐겁게 못하나니

우리가 중생을 해치면

부처님을 기쁘게 해드릴 길이 없다네.

제가 지금까지 중생에게 끼친 해악은

모든 부처님을 슬프게 하는 것이었으므로

오늘 제가 이 모든 악행을 참회하오니

부처님이시여, 저를 용서해주소서. [6:123-6:124]

은혜를 입었다면 은혜로 갚아야 합니다. 이 상식이 통해야 분노를 다스리고 보리심 수행을 이어나갈 수 있습니다. 이런 올바름이 있어야만 더 큰 행복으로 발전할 가능성이 있기 때문입니다. 보살은 아직 중생의 마음을 지니고 있어서 종종 잘못된 행동을 할 때가 있습니다. 그래서 은혜를 갚는다는 마음으로 상대방을 괴롭히기도 합니다. 은혜를 갚는 것만큼 중요한 것은 어떤 기준으로 은혜를 갚을지에 대한 것입니다.

중생이 괴로우면 부처님께서도 괴롭습니다. 만약 중생이 누군가에게 해악을 입거나, 분노의 불길로 고통스러워한다면 부처님께서도 역시 괴롭습니다. 아무리 원한이 깊은 원수가 있더라도 그 감정이 도저히 해결되지 않아도 중생 뒤에서 그를 보호하는 부처님의 얼굴을 떠올려야 합니다. 그 원수가 싫더라도 은혜를 갚기 위해 원수를 용서해주세요. 나아가 그에게 선물하고, 도와주고, 기쁘게 해보세요.

만약 부처님의 은혜를 갚겠다는 사람이 중생을 괴롭힌다면, 이는 부처님의 온몸을 불태우고는 기뻐하라고 강요하는 것과 같습니다. 무한한 윤회를 반복하는 동안 우리는 이렇게 부처님의 마음을 괴롭혀 왔습니다. 지금까지는 몰라서 그랬을 수도 있지만, 진실을 알게 된 지금부터는 절대 그러면 안 됩니다. 삼보와 부모 그리고 중생에게 받은 은혜를 갚기 위한 일석삼조의 방법은 바로 중생을 사랑하는 것입니다. 중생이 웃으면 부모와 부처님이 함께 웃습니다. 이것이 보살 수행의 기준입니다.

중생의 몸을 빌려 입은 부처님

한국 불자들이 가장 많이 독송하는 경전은 『천수경』입니다. 이 경전의 마지막에는 '온 우주에 계시는 모든 부처님께 귀의합니다.'라는 구절이 있습니다. 간절한 귀의의 내용인 이 문장을 볼 때, 우리는 이런 의문이 들어야 합니다. '어떻게 언제, 어디에서든 부처님이 계실 수 있지?' 이 우주에 항상 부처님이 계신다면, 지금 이 글을 읽는 당신의 눈앞에도 부처님이 계셔야 합니다. 버스 안에도, 영화관에도, 직장에도, 학교에도, 방 안에도 말입니다. 그런데 부처님은 도대체 어디에 계시는 걸까요?

지금부터 모든 부처님을 기쁘게 해드리기 위해

모든 중생에게 봉사하리니

그들이 나를 쓰러뜨리거나 짓밟더라도 보복하지 않고

부처님을 기쁘게 해드리리라.

대자대비하신 부처님께서는

모든 중생을 자기 자신처럼 여기시고

선량한 중생의 모습으로도 나타나시는데

어떻게 우리가 불손하게 대할 수 있겠는가. [6:125-6:126]

부처님께서는 분명 세상의 모든 존재는 이미 완전한 부처라고 말씀하셨습니다. 하지만 여전히 모든 존재가 중생으로만 보인다면, 이는 그들을 중생의 눈으로 보고 있기 때문입니다. 부처님께서는 어리석음에 눈먼 이런 오류를 안타깝게 여기셨습니다. 중생은 중생의 고귀함을 알아보지 못하기에 거룩한 부처님들께 화내고, 음욕을 일으키며, 해악을 끼치고, 원망을 가득 품는 실수를 범합니다. 이로 인한 불선업의 대가로 자신과 상대를 원결로 묶어 고통에 빠지기도 합니다. 그래서 부처님께서는 안타깝게 여기는 대연민의 마음으로 연극의 방편까지 활용하십니다.

『묘법연화경』의 구원실성久遠實成 사상은 흥미로운 사실을 밝히는데, 인류 역사상 실존하셨던 석가모니 부처님께서는 이미 오래전에 성불하셨던 부처님이라는 것입니다. 하지만 중생이 이미 온전한 부처님이라는 진실을 알지 못하는 것을 불쌍히 여겨, 부처님께서 중생의 역할을 맡아 팔상성도八相成道의 이야기로 부처를 이루는 연극을 보여주셨습니다. 이를 통해 부처님께서 말씀하시고자 하는 바는 세 가지입니다. 첫째는 중생은 모두 성불할 수 있다는 점이고, 둘째는 그 중생 모두가 오래전 이미 성불하셨던 부처님이라는 것입니다. 셋째는 성불하는 길의 표준 모델model을 제시하고 있습니다.

불교의 공간적 세계관에서는 삼천대천세계가 무한히 존재합니다. 그리고 삼천대천세계마다 한 분의 부처님이 존재하신다고 합니다. 이렇게 무한한 부처님이 계실 수 있는 이유는 무한한 중생이 이미 부처님이기 때문입니다. 우리가 매일 만나는 모든 중생은 삼천대천세계를 품고 있는 무한한 법계이며, 그 법계를 책임지고 있는 온전한 부처님입니다.

우리는 두 가지 이유로 중생을 부처님으로 바라봐야 합니다. 진실한 모습을 보시는 부처님의 눈에 중생은 이미 부처님이라는 증거이고, 이 진실을 모르는 중생을 위해 부처님께서 친히 중생의 몸을 빌려 입고 눈앞에 오셨으니, 이 수고로움에 응답할 의무가 있습니다.

중생이 부처님이라는 진실을 믿는 것이 첫걸음입니다. 이를 내딛어야만 중생의 본 모습을 목격하고, 일체중생 모두를 성불로 이끄는 하화중생을 완성할 수 있습니다. 부처님에 대한 신심을 지니고 있다면 부처님께서 간절히 전달하고 싶으신 이 진실을 받아들여야 하지 않을까요? "당신이 바로 부처님입니다."

부처님의 명령

'불교'라는 단어의 팔리어 원어에는 여러 중의적 의미들이 있는데, 우리는 그중에서 '가르침'이라는 의미를 사용합니다. 하지만 팔리어권의 불자들은 주로 좀 더 강력한 느낌인 '명령'이라는 의미의 단어로 사용합니다. 어쩌면 부처님의 제자들은 불교를 가르침이 아닌 부처님의 명령이라고 받아들였을 수도 있습니다. 삼보에 귀의하는 경전 속 정형구에는 이런 묘사가 나옵니다.

넘어진 자를 일으켜 세워주듯
눈 가린 것을 치워내 보여주듯
길 잃고 헤매는 자에게 방향을 알려주듯
캄캄하게 어두운 곳에서 등불을 건네주듯
부처님께서는 다양한 방편으로
저희를 행복으로 이끌어주셨습니다.
그렇기에 목숨이 다할 때까지
거룩하신 부처님과 지혜로운 가르침,
청정하신 승가에 귀의합니다.

불자 대부분이 삼보에 귀의하는 것은 이익 때문입니다. 그 이익은 돈이나 명예에 대한 것이기보다는 심리적인 안정감인 경우가 많습니다. 삶을 살다 보면 우리는 반드시 넘어지고, 눈이 멀고, 길을 잃어서 눈앞이 캄캄해지는 순간들을 맞이하게 됩니다. 그때마다 삼보에 의지해서 세상을 바라보면 고통을 해결할 해결책을 얻습니다.

불자들은 모두 이렇게 부처님께 큰 은혜를 입었고, 앞으로도 많은 은혜를 받게 될 것입니다. 우리가 행복해지고 싶다면 이 은혜를 갚아야 합니다. 만약 부처님의 명령으로 중생을 사랑해서 은혜를 갚아야 한다면 당위성은 더욱 강해질 것입니다.

이것이야말로 부처님을 기쁘게 하는 것이고
올바른 자신의 뜻을 성취하는 것이며
세간의 고통을 모두 없애는 것이니
그러므로 우리는 항상 인욕을 수행해야 하리라. [6:127]

보리심을 완성하는 길에서 배우고 실천해야 하는 마음의 자질은 다양합니다. 논에서는 보리심의 수행으로 육바라밀인 보시, 지계, 인욕, 정진, 선정, 지혜를 닦는 방법을 자세히 설명합니다. 육바라밀이 일으키는 마음의 변화를 간단하게 살펴보면 보시는 닫힌 마음을 여는 작용을 하고, 지계는 열린 마음을 보호하기 위한 거름망 역할을 하며, 인욕은 거르지 못해 마음을 통과한 번뇌를 소화하도록 하고, 선정은 마음을 깨끗이 만들며, 정진은 모든 작용에 힘쓰도록 하고, 지혜는 세상을 있는 그대로 보고 이해하도록 합니다. 이렇듯 육바라밀은 상호 연관되어 있기에 보시바라밀 하나만 완성해도 육바라밀은 완성됩니다. 이것은 인욕바라밀에도 적용되는데, 진정한 인욕바라밀의 완성은 인간 잠재력을 100% 꽃 피운 부처님의 마음으로 이끕니다.

> 신하 한 사람이 많은 사람들을 괴롭힐 때
> 거기에 대항하는 능력이 있더라도
> 현명한 사람들은 보복하지 않는다네.
> 왜냐하면 그 신하는 혼자가 아니고
> 뒤에 왕이라는 막강한 세력이 버티고 있기 때문이니
> 그러므로 어떤 나약한 사람이 우리를 해치더라도
> 그를 경시하지 않아야 한다네.
> 그의 뒤에는 자비로운 부처님과
> 지옥을 지키고 있는 이들이 버티고 있기 때문이니
> 우리는 신하가 왕을 대하듯이
> 모든 중생을 공경해야 한다네. [6:128-6:130]

부처님의 중생에 대한 사랑은 무조건적입니다. 무조건적인 사랑은 말 그대로 조건을 따지지 않기에 불자, 비불자, 외도, 원수의 차별을 가리지 않습니다. 부처님의 눈에는 모두가 평등한 부처인 동시에 번뇌에 현혹되어 부처님으로서의 자유와 평화를 누리지 못하는 불쌍한 존재이기도 합니다. 부처님은 중생에 대한 무한한 사랑을 갈고 닦아 열반에 이르렀으니, 이런 중생 부처님을 아끼고 사랑하는 것은 당연합니다.

모든 중생은 강대한 공덕을 지닌 부처님의 보호를 받고 있습니다. 그러니 어떤 중생이 우습거나 자신이 그보다 강한 힘을 지닌 것 같더라도, 그를 혼내주는 것은 참아야 합니다. 모든 중생에게 부처님이라는 뒷배가 있다는 점을 기억하면 분노에 사로잡혀 저지르는 실수를 줄일 수 있을 것입니다.

만약 신통력으로 어떤 거지가 1년 뒤에 세계적인 거부가 되는 미래를 봤다면 어떨까요? 그 거지가 지금 돈이 없다고 무시할 수 있을까요? 아니면 미래의 그에게 잘 보이기 위해 존경하고 도와줘야 할까요? 돈에 대해서는 이렇게 계산이 빨리 서는데, 왜 이보다 훨씬 근본적이고 소중한 성불의 공덕에 대해서는 계산이 느린가요? 우리는 미래에 성불의 꽃을 피우게 될 중생을 소중하게 대해야 합니다.

이 소중한 가치를 금방 인지하면 가식적으로라도 모든 중생에게 예를 다할 수 있을 것입니다. 혹시 가식적이라는 것이 마음에 걸리나요? 괜찮습니다! 중생의 마음은 현실과 상상을 구분하지 못하기에 모든 '~척'도 반복하면 진짜 자신의 습관으로 변화합니다. 그러니 계산적이더라도 중생을 사랑하는 척을 해보세요. 이것은 부처님의 가르침이 아닌 명령입니다.

억겁의 세월 동안의 괴롭힘

마음은 외부적 자극에 상처받지 않고 중첩으로 인해 변화할 뿐입니다. 세상의 모든 외부적 자극은 1차 자극에 불과합니다. 이 자극은 육근을 통해 마음에 받아들여지는데, 이 과정을 통해 상분相分이라는 2차 자극이 만들어집니다. 유식학에서는 마음을 상분과 견분見分으로 구분합니다. 상분은 보이는 마음이고, 견분은 보는 마음입니다. 외부적 자극인 육경이 육근을 통해 받아들여지면 마음은 그 1차 자극을 바탕으로 과거의 지식을 분석해서 특정한 개념인 상想을 떠올립니다.

예를 들어 우리가 거북이라는 육경을 육근을 통해서 볼 때, 그 1차 자극을 바탕으로 마음은 과거의 지식을 검색합니다. 그 결과 외부의 자극은 거북이라는 결론에 도달해서 거북이에 대한 대략적인 개념을 떠올립니다. 이것이 바로 2차 자극에 해당하는 상분입니다. 우리는 이런 과정으로 육경에 해당하는 거북이를 있는 그대로 보지 못하는 것입니다. 오직 거북이에 대한 보이는 마음 즉, 상분으로만 볼 수 있을 뿐입니다.

1차 자극인 외부 대상이 강한 힘을 지닌 왕이나 신일지라도 그들은 우리의 마음에 상처를 입힐 수 없습니다. 우리는 2차 자극인 자신의 마음에 의해 고통과 행복을 경험합니다. 왕에게 잘못을 저질렀을 때 그는 우리의 육체를 고문하거나 감옥에 가두어서 직접적인 해를 입힐 수 있습니다. 하지만 이에 대한 마음의 반응은 억지로 조정할 수 없습니다.

평균적인 반응을 예상하여 그 변화를 유도하는 것은 가능하지만, 마음에 직접적인 해를 가하는 것은 불가능합니다. 전쟁터에서는 대부분 사람이 육체적인 통증을 겪고, 그 조건에 따라 마음이 고통스럽게 유도됩니다. 하지만 그 속에서도 행복을 누리는 사람은 분명 존재합니다. 이것은 마음의 행불행 결정이 자기 자신의 자유의지에 달려 있다는 것을 의미합니다.

아무리 우리가 왕을 화나게 하더라도
그는 우리를 지옥에 넣을 수 없지만
우리가 중생을 해치면
우리는 지옥에 떨어지게 된다네. [6:131]

『신과 함께』라는 영화는 동북아시아의 사후세계관을 주제로 여러 지옥을 멋지게 표현했습니다. 이곳에는 죽음의 신인 염라대왕이 등장하는데, 그는 죽음을 맞이한 영혼들을 심판합니다. 만약 우리가 염라대왕을 비롯한 다양한 죽음의 신들에게 잘못 보이면 어떻게 될까요? 그들에게는 어떤 권한이 있을까요? 우리를 영원한 지옥에 가둘 수 있을까요?

염라대왕은 일종의 판사이기에 오직 재판이라는 행위로만 영향을 끼칠 수 있습니다. 그 재판의 근거자료는 중생의 생전 행위에 대한 모든 기록입니다. 즉, 판결의 근거는 중생 자신의 행위에 대한 것입니다. 그 행위에 대한 선악의 경중을 판단하는 것이 바로 염라대왕입니다. 만약 염라대왕이 중생에게 원한을 지니게 되면 어떻게 될까요? 객관적인 사실에 근거를 둔 범위에서 최대한의 처벌도 가능하지 않을까요? 하지만 이런 가중처벌이 벌어진다 해도 망칠 수 있는 것은 오직 단 한 번의 생뿐입니다. 아무리 무서운 존재도 분노처럼 억겁의 세월 동안 우리를 괴롭힐 수는 없습니다.

　염라대왕의 실체는 무엇일까요? 부처님께서는 중생의 번뇌가 만들어낸 환영이라고 말씀하십니다. 이를 상분과 견분의 이치를 활용하여 이해해보면 우리는 육경에 해당하는 이 염라대왕을 마주칠 때 보이는 마음인 상분을 통해 그를 경험합니다. 그렇기에 염라대왕을 비롯한 무서운 존재들은 모두 마음의 경험입니다. 부처님께서는 불자들을 지옥의 고통에서 건져줄 수 있을까요? 염라대왕이 불자들을 지옥에 가두는 권한이 없듯이 상분으로 경험되는 부처님에게도 그런 권한은 없습니다. 만약 그게 가능하다면 일체중생에게 무한한 사랑을 지닌 부처님께서 지옥 중생을 대신해 고통받고 그들을 모두 구했을 테니 지옥은 이미 사라졌어야 합니다.

화난 얼굴의 부처님

부처님께서는 자신을 스스로 '목마른 중생을 물가로 이끄는 자' 라고 비유하셨습니다. 열반의 물가로 향할지 말지, 그곳에서 그 물을 마실지 말지는 결국 중생의 선택입니다. 삶의 행복은 자기 자신이 가꾸어야 합니다. 남의 눈치를 보거나 남에게 기댈 이유가 없습니다. 하지만 올바른 선택을 하는 과정을 배울 필요는 있는데, 이때 필요한 귀의 대상이 바로 부처님과 중생입니다. 마치 부처님은 열반의 물을 마시는 곳으로 안내하는 지도와 같고, 중생은 그곳으로 나아가는 길과 같습니다.

아무리 우리가 그 왕을 기쁘게 해도
그는 우리에게 깨달음을 주지 못하지만
우리가 중생을 기쁘게 해주면
우리는 깨달음을 얻을 수 있다네. [6:132]

윤회계를 벗어나는 것뿐만 아니라 윤회의 꿈속에서 더 행복한 경험을 하고 싶다면 중생은 부처님과 신들의 눈치를 좀 봐야 합니다. 중생의 잠재력이 위대하다 하더라도 현실은 강렬한 번뇌의 흐름에 휩쓸려 있어서 파멸의 길로 나아가기 쉽기 때문입니다.

중생은 숙제 검사를 하지 않으면 게을러지는 학생들과 비슷합니다. 그래서 열반으로 나아갈 자극을 만들어주기 위해서는 무서운 선생님이 필요합니다. 이런 목적으로 만들어진 환영이 바로 염라대왕과 다양한 신들입니다. 이들은 중생이 악해지면 그들을 징벌하는 원초적인 역할을 맡고 있습니다. 그들의 징벌은 중생을 미워해서가 아닙니다. 단지 중생에 대한 큰 사랑으로 그 역할을 맡은 것입니다.

자비의 상징인 관세음보살은 무려 32가지 화신의 모습으로 중생에게 나타납니다. 역설적인 점은 무서운 형상을 지닌 관세음보살도 있다는 것입니다. 크게 분노한 얼굴로 중생을 짓밟으며 징벌하는 형상은 악마처럼 느껴지지만, 그 모습 또한 관세음보살의 일면입니다. 하지만 이런 분노존의 모습이 왜 자비심의 발현인지 도무지 이해되지 않을 수 있습니다.

중생에게는 분노존이 필요합니다. 이 두려움을 자극하면 중생이 선해지기에 관세음보살은 피눈물을 흘리면서 무서운 역할을 맡으신 것입니다.

자녀를 사랑하는 부모님도, 죽음의 염라대왕도, 자비의 관세음보살도, 심지어 모든 인간을 사랑하는 하나님을 비롯한 세상의 모든 신들은 왜 이런 분노존의 연극을 하는 걸까요? 그 이유는 사랑하는 중생의 잘못된 선택을 바꿀 수 있는 기회를 주기 위해서입니다. 이를 위해 진정으로 사랑하는 자녀에게 무서운 가면을 쓰고 사랑의 매를 드는 연극을 하는 것입니다. 우리는 이러한 위대한 자비심에 선한 의지로써 응답해야 하지 않을까요?

위대한 위력을 지니고 있든 없든 외부의 대상은 우리의 행불행을 바꿀 수는 없습니다. 우리를 바꾸는 것은 오직 자신의 상분에 의해서입니다. 이 상분을 바꾸기 위해서는 부처님과 중생을 두려워할 필요가 있습니다. 이 경외심이 생긴다면 말 안 듣는 중생도 부처님의 명령을 받들게 될 것입니다.

굿바이, 분노!

『천수경』에서는 보리심의 완성을 위한 대비주 수행이 매우 큰 이익이 있다고 합니다. 그 이유는 원하는 소원을 이루고 불만족에서 벗어나기 때문입니다. 또한, 과거의 악업을 참회하여 죄책감으로부터 자유로워지고, 천신들로부터 보호받아 안전해지니 두려움에서도 벗어납니다. 이렇게 안정된 마음은 삼매와 지혜를 증득할 수 있고, 정토에 왕생하기도 하며, 걸어 다니는 정토를 구현하기도 합니다.

논에서도 보리심의 공덕을 찬탄하면서 이 항목들 대부분을 공통으로 언급하고 있습니다. 희망적인 것은 인욕바라밀 하나만 완성해도 이 모두를 증득한다는 것입니다. 보리심을 완성할 때 증득하는 공덕의 크기는 무한합니다. 하지만 보리심 수행의 이익이 그것을 완성한 후에야 얻어진다면 얼마나 오래 기다려야 그 행복을 맛볼 수 있을까요?

중생을 기쁘게 함으로써
우리가 부처가 되는 것은 제쳐두더라도
우리가 금생에 지복과 명예, 평온을 얻을 수 있는 것은
어찌하여 보지 못하는가. [6:133]

271

세상을 용서하는 공덕은 윤회의 꿈에서 깨어나는 자유입니다. 하지만 이 자유는 완전한 해탈을 누리기 전에는 그림의 떡입니다. 해탈하기 전에는 여전히 윤회의 꿈에 빠져 있기 때문입니다. 그렇다면 보리심을 지니는 것만으로 행복을 경험할 수는 없을까요? 중생은 이익을 위해 움직이는데, 만약 미래에만 큰 이익이 생기고 윤회속에서는 이익이 없다면 누가 보리심을 수행하려고 할까요?

보리심을 지닌 사람은 중생에 대한 무한한 사랑을 연습합니다. 그 힘이 커질수록 중생을 바라보는 보살의 눈빛은 사랑스러워집니다. 그래서 보살은 중생 모두를 마치 부처님을 대하듯 존경하게 될 것입니다. 자신의 소유물과 육신 그리고 공덕까지도 사람들에게 베풀 것이며, 이를 통해 인색함에서 벗어나 너그러워질 것입니다. 이런 사람과 친해지고 싶은 것은 당연한 일이니 보리심을 수행할수록 인복은 커질 것입니다.

인욕하게 되면 윤회 속에 남아 있는 동안에도
미모와 건강과 명성과 장수뿐만 아니라
전륜성왕이 누리는 안락까지 얻게 된다네. [6:134]

보리심의 공덕을 말할 때 우리는 지금까지 그 최종 목적인 일대사인연의 해결에 초점을 맞췄습니다. 하지만 여전히 열반이 모호하게 느껴지는 이들에게는 그 공덕이 남의 일처럼 느껴질 것입니다.

용서의 힘을 키워 화를 풀어낸다면 삶도 함께 풀어낼 수 있습니다. 이것은 미래가 아닌 지금 현재의 삶이 변화한다는 것을 의미합니다.

분노라는 시한폭탄을 제어할 수 있게 되면 내면의 평화뿐 아니라 재산과 관계 등 다양한 물질적 손해도 막을 수 있습니다. 또한, 원결은 풀리고 은결은 늘어나니 인복까지도 늘어납니다. 이렇듯 인복, 재복, 심복의 삼복이 모두 증장된다면, 대부분의 사람들이 행복의 조건으로 여기는 경제적 여유와 좋은 인간관계, 건강과 미모, 성공과 마음의 평화까지도 당연히 누릴 수 있습니다. 분노와 삶이 풀려 원하는 것을 성취한 여유로운 마음은 피할 수 없는 역경의 순간이 다가와도 이를 두려워할 이유가 없습니다. 충분히 분노에 휘말리지 않을 수 있고, 휘말렸더라도 그것을 풀어내는 방법을 이미 알고 있으니까요.

용서를 익히는 이익을 반복적으로 사유해본 후 꼭 용서를 연습해보세요. 분노가 풀리면 삶이 풀린다는 부처님의 조언이 진실인지 아닌지 삶을 통해 증명해보세요. 이 가설이 당신과 주변의 고통을 풀어낸다면, 이 가설은 진실이 됩니다. 전생의 어머니인 당신이 분노에서 벗어나는데 이 책이 작은 도움이 될 수 있기를 두 손 모아 기도합니다.

일체 모든 중생은 이미 완전한 부처님입니다.
이것을 알아보는 눈이 있다면
세상은 완전히 달라질 것입니다.